# 我和数学的那点趣事儿

## 教你写数学日记

年 月 日

主 编◎易礼国　周 红
副主编◎肖阳敏　刘彦媛
　　　　谭艳辉　寻 仲
　　　　李 梅

中南大学出版社
www.csupress.com.cn
·长沙·

## 数学之趣，理性之美

### ——致读者

　　亲爱的读者，首先我们想告诉你，这是一本写给中、高年级小学生及其家长和小学数学老师看的书。

　　当你看到书名的时候，是不是心存疑虑？因为长久以来，数学留给人们的印象都是严谨、理性、抽象，甚至有点刻板的，而日记则充满文学色彩，感性而优美，适合用来抒发我们的心境，两者看似毫无瓜葛。那么当数学与日记邂逅，将会碰撞出何等奇妙的火花呢？

　　为引导老师们进一步深化新的数学课程理念，培养学生的数学应用意识、创新意识和探索精神，从 2017 年开始，我们组织了区域内的小学生数学日记征集、评选活动。我们建议学生撰写数学日记时既要有数学元素，又要符合日记的相关体裁要求。内容可以是在某节课或某次实践活动结束后，对自己数学学习和数学活动情况的回顾小结；可以是对数学学习心得体会的描述；可以是探究、发现、解决数学问题过程的记录；可以是利用所学的数学知识，解释生活中的相关现象；可以是自己发现的数学奥秘、数学趣事和游戏中的数学技巧；还可以是对书本知识的质疑、对数学活动的情感体验等。这一活动至今已连续开展三届，在师生和家长中反响良好。

我们发现通过数学日记的撰写，孩子们正慢慢地学着"用数学的眼光观察世界，用数学的思维思考世界，用数学的语言表达世界"。数学在小作者们的心中和笔下变得更加有血有肉，也更加富有生命力。

为了总结活动前期的经验和教训，也为了这一活动成果能让更多的老师和学生受益，我们组织区域内部分优秀老师对前三届数学日记评选活动中所征集到的学生作品进行了系统的整理，从中挑选出了一些优秀作品，尝试编辑出一本既能够直接指导孩子们进行数学日记撰写，也能够帮助数学老师指导孩子们进行数学日记撰写的书籍。经过一段时间的努力，就有了现在你拿在手中的这本《我和数学的那点趣事儿——教你写数学日记》。

书中我们想体现的一个核心理念就是数学的"趣"，当然这个所谓的"趣"是广义上的。首先，它可能是探索发现之趣。不管是在数学学习还是在日常生活中，在一些我们司空见惯的现象背后，其实都还隐藏着一些神秘有趣的知识和奥秘等待着我们去探索、去发现。比如，如果有人说："车轮是圆的。"你一定不会反对吧？可是《车轮一定是圆的吗?》这篇文章的小作者汤其睿就被《圆的认识》这堂数学课上，老师展示的一张"三角形自行车的车轮"图片深深吸引，在好奇心的驱使下，他利用互联网搜索"三角形车轮"的资料，并仔细研究其中的奥秘，用图文结合的方式，有理有据地解释了"莱洛三角形"轮胎这一奇特现象，真是让我们大开眼界。其次，数学日记的"趣"也可能是生活应用之趣。我们都知道，数学和生活是紧密相连的，数学知识可以帮我们解决很多生活问题，而这些解决问题的过程其实也是其乐无穷的，不信你看看《吃比萨了》这篇文章，小作者晏丽君同学点餐时遇到"想要的 12 寸比萨卖完了"的难题，而一旁的妈妈也马上给出了建议："没关系，那就给我们来两份 6 寸的比萨就是了。"粗略一想，也是呀，"12"里面不就是包含了两个"6"吗？可是，小作者通过观察比较，总感觉妈妈的建议有点不对劲，于是她想到数学课上学到的"圆的面积会随着半径的变化而变化"的知识，进而计算出应该换成4个6寸的比萨这个答案。看看，如果不学好数学，自己都能把自己给坑了。相信你看完这篇日记后在会心一笑的同时，也会深受启迪。

当然，数学日记的"趣"还可能是情节精彩之趣。这里，我们就得为你介绍一下这本书中很有特色的数学童话了，要知道《白雪公主和七个小矮人》《丑小鸭》《灰姑娘》《皇帝的新装》等这些经典的童话故事可是孩子们美好童年的最好见证啊！当童话遇上数学，是不是还会精彩依旧呢？答案是肯定的。让我们来欣赏一下刘欣语同学的《边关查"角"记》吧！故事在线王国和角王国关系闹僵了的情境下拉开帷幕，角国王一气之下，命令锐角、直角和钝角这些士兵到边关值守，绝不允许线王国的任何一员踏进角王国半步。就这样，一个乌龙事件热闹开场了，原来，城门外来了两个外表极像"线"的人，分别是一个矮个子和一个高个子。"敌人"来了，角士兵们该怎么办呢？肯定是拦着不让进啊！可是在接下来的一番精彩激烈的争执、查验、请示之后，真相大白，这两人原来是从角王国派到线王国去的两位暗探：平角和周角，他们虽然形状似线，可他们本质上却是角啊。不过也怪不得角士兵们连自己的兄弟都认不出来了，一是出于保密，二来肯定是数学知识没学好啊！文章的小作者就是以这种独特的视角、大胆的想象、风趣的语言为我们解密了角王国的神奇世界，周角与平角的知识点无形之中也让读者入脑入心，意味深长。相信你读完后一定会感叹：原来数学也可以这般有趣，这般迷人，这般在感性之中又充满着理性之美！当然，书中有趣的元素还有很多，比如数学漫画，举例不全就留给你自己去体会和欣赏吧。

为了突出这本书写作指导的作用，我们还将书中的数学日记划分为六个小版块，分别是：数学世界趣事多、数学童话意味浓、数学启迪感悟真、数学漫画呈精彩、数学视角观生活、数学新知乐探索。每个版块的前面，我们都还精心地撰写了一篇"写作指点"，用以归纳本类数学日记的主要特点，分析小作者们写作的精妙之处以及对读者写作这类日记的指导建议；每篇日记的文末，我们也用简短、精练的语言配上了一段"作品赏析"，以期指导读者们抓住文章要领，体会日记中的思想内核。希望读者在欣赏日记的同时，也能认真地读一读这些文字，相信你定会有不一般的收获。

当然，由于时间的仓促和可供我们参考学习的文献资料也很少，书中肯定会有很多的不足之处，欢迎读者朋友们提出宝贵意见。

还等什么呢？马上开启愉快的数学阅读之旅吧！

易礼国

目录

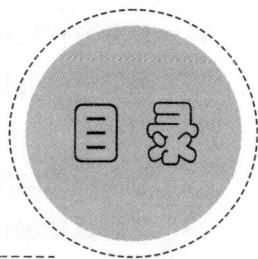

● 第三版块　数学启迪感悟真

# 数学世界趣事多

# "数学世界趣事多"写作指点

欢迎走进"数学世界趣事多"版块。这个版块的数学日记主要体现在一个"趣"字。这类日记主要是记录自己在学习和生活中遇到的与数学相关的、有趣的事情，或者是感受到的数学知识和思维活动所带来的快乐的事情。我们可以从以下三个角度来写这类数学日记：

## 一、生活事件——思中趣

在我们的日常生活中，每天都发生着许多与数学相关的趣事。比如：商场搞活动时，折扣怎么算？购物时，怎样买最划算？在盛装物品或做衣物时材料等有剩余，该怎么操作？比赛时，评分规则怎么定？等等，当我们对这些事情进行深层次的思考时，当我们利用数学知识揭开这些事情的神秘面纱时，我们会感受到数学思考的力量，享受到数学思维活动带来的乐趣。我们可以把这些经历过的事情用数学日记的方式真实地记录下来。

如：《16元哪儿去了？》这篇数学日记的小作者陈颢哲被促销广告"满200减50"吸引，可又错误地理解为"减少了四分之一"，于是开启了寻找"16元哪儿去了"的旅程；在《买西瓜》这篇数学日记中，"一个大西瓜比三个小西瓜划算"引起了小作者谢思璇的质疑，她开始进行上网找资料、计算、验证等一系列的活动；《怎么少了5元？》的小作者李慧平用"单卖"和"组合卖"两种不同的方法卖60个鸡蛋，结果收益却相差了5元……小作者们经历的这些事情，是新奇而又有趣的，他们主动思考，积极探索，最终豁然开朗，过程虽然有点艰辛，但他们深刻地感受到了数学思考的魅力和价值，体验到了成功的喜悦。

## 二、实践活动——玩中趣

在数学世界里，有许多好玩而又有意义的活动。比如：数学游戏活动，让我们觉得数学是那么有趣而富有挑战性；数学操作和探究活动，让我们的思维碰撞和灵感飞扬；数学比赛活动和数学游乐会等，让我们对数学学习充满了期待和信心……我们可以把在这些活动中的经历、获得的经验和感受有条理地表达出来。

如：陈佳和小作者的《糗大了》这篇数学日记，记录的就是他挑战妈妈出的数学计算题的小故事，由于受到错误思维定势的影响，他掉进了妈妈创设的"美丽的陷阱"，从出错到纠错，从自信满满到糗大了，再到获得数学学习的经验和感悟，整个过程令人回味无穷。小作者的心中也深深地留下了数学学习时要细心、踏实的烙印。

## 三、数学求知——学中趣

在我们学数学知识的过程中，经常会发生一些让我们感到有趣而又难忘的事情：在课外读物、网络等媒介上了解到有意思的数学趣题、智趣故事、趣味常识；换一个角度思考，用不同的方法解决了数学问题；主动验证了一个课外新发现……这样的经历，我们都可以把它们写下来与大家分享，进而从中体验到数学求知带来的成就感、自信心与自豪感。

如《惊人的折纸》《"化简为繁"也表扬》这两篇数学日记的小作者分别被书本上的一条信息以及老师课堂上布置的一道思考题激起了强烈的兴趣，勇敢地踏上了探求知识之旅……从中，他们真切地感受着数学知识的魅力，享受着数学学习的幸福与快乐；我们也看到了小作者们爱学习、善思考、乐探究的可贵精神。

亲爱的小读者，写"数学趣事"类的数学日记，需要用数学的眼光观察周围的事物，用数学的思维思考问题，需要我们用心选材、认真描述事情的经过，同时还要融入自己的真情实感，阐述自己的收获与感悟。经历一段这样的写作之旅，你会发现数学是有趣的，数学是好玩的，数学是开启智慧的金钥匙……相信，你会越来越喜欢数学！

# 16 元哪儿去了？

（适合中、高年级阅读）

周末，我和妈妈来到商场。只见商场里人头攒动，大家都在喜笑颜开地挑选着商品，原来今天商场开展促销活动啊！

我走到宣传牌前，上面蓝底红字醒目地写着——满 200 减 50。我高兴地喊了起来："妈妈，妈妈，这个很划算，满 200 减 50。50 是 200 的四分之一，满 200 减 50 就是减少了四分之一的价格。"妈妈听到后，朝我笑了笑。

过了一会儿，妈妈挑好了一条裙子，吊牌上写着 1864 元。趁着妈妈试穿的时候，我赶紧跟售货员阿姨借了纸和笔算起来。1864 的四分之一是多少呢？ $1864 \times \frac{1}{4}$，可是我还没学分数乘法的计算，怎么办？对了，我可以先把 1864 平均分成 4 份，再用 1864 减去其中一份。我很快就算好了：$1864 \div 4 = 466$（元），$1864 - 466 = 1398$（元），然后信心满满地等着告诉妈妈结果。

"您的这条裙子折后价为 1414 元。"听到售货员阿姨的话，我着急地叫了起来："不对！不对啊！我算出来的是 1398 元。"$1414 - 1398 = 16$，真奇怪，这 16 元哪儿去了？我迫不及待地把自己的计算过程告诉了大家，大家都笑了！售货员阿姨解释说："我们的优惠方案是满 200 减 50，意思是有几个 200 就可以减几个 50 哦，你再算算看。"我又仔细地算了起来：1864 元里面有 9 个 200，就可以减 9 个 50，9 个 50 就是 450 元，$1864 - 450 = 1414$（元）。原来 1864 元里面只有 1800 元有优惠，剩下的 64 元由于没满 200 就不能优惠，所以才会与我算的价钱相差 16 元。售货员阿姨听了直夸我聪明，我开心得跳了起来！

生活处处有数学，处处皆学问！我相信：只要细心观察，认真思考，我们一定会发现生活中更有趣的数学知识！

[作者姓名：陈颢哲　指导老师：张曲]

[作品赏析]

　　小作者是一个善于思考的孩子。"满 200 减 50"的广告语引发了他的思考与质疑，虽然他只有四年级的知识水平，但从"满 200 减 50"中产生了对"$\frac{1}{4}$"的认识，并绕开分数乘法，采用等分理解计算出了自己认为应付的钱数。虽然起先的理解和推理是一个错误，但这个过程依然闪烁着思考的光芒，充满着探索的乐趣。后来，在售货员的提醒下，他又投入了新的思考，最终自我释疑，找出了"16 元"背后的秘密——理解上的差异。不得不说，他的主动思考与谦虚的态度，远比寻找正确的答案更为珍贵。

# 03

# 买西瓜

（适合高年级阅读）

暑假的一天，太阳火辣辣地炙烤着大地。我热得实在受不了，央求着爸爸："我们去买个西瓜解解渴？"爸爸爽快地答应了。

我和爸爸来到集市上。真奇怪！这个摊位的西瓜不按斤称，而按个卖。只见广告牌上写着"大的9元一个，小的3元一个"。看到大西瓜和小西瓜的尺寸差别不是特别大，很多人都在拼命往小西瓜那边挤，大西瓜这边却无人问津。我也准备往小西瓜那边走，爸爸连忙拉住我说："孩子，我们买大的。"

"大的贵两倍呢！"我不解地问爸爸，"这也太不划算了吧？"

"大的比小的值。"爸爸说。

于是，爸爸挑了两个大西瓜，可我看到别人都在买小西瓜，心里还是有些犹豫，爸爸看到我的样子，笑着对我说："你吃西瓜吃的是什么？"

"里面红色的瓜肉啊，这还用问吗？"我答道。

"也就是说我们吃的部分与它的体积有关，你看，小西瓜的半径大约是大西瓜的 $\frac{2}{3}$ ，体积可是按立方算的，这样的话，小西瓜的体积不到大西瓜的30%，当然买大的划算。"爸爸说。

"大西瓜皮多，小西瓜还皮少呢，去掉瓜皮后，恐怕还是买大的更吃亏。"我据理力争。

只见爸爸胸有成竹地点点头道："嘿嘿，你别忘了小西瓜总共有3个瓜的皮，大西瓜只有一个，哪个瓜皮多？你再算算表面积就知道了。"

爸爸又说："我再买3个小西瓜，回去后，你自己去弄明白到底买哪种瓜更划算。"

为了验证爸爸的话，一回到家我就去查找球体的体积和表面积的计算方法。然后，我借助直尺和小木板，量出小西瓜的直径约是 20 厘米，大西瓜的直径约是 30 厘米。最后，我按照球体的体积计算公式"$V = \frac{4}{3}\pi r^3$"，求得大西瓜的体积约为 14130 立方厘米，小西瓜的体积约为 4187 立方厘米；按照球体的表面积计算公式"$S = 4\pi r^2$"，求得大西瓜的表面积约为 2826 平方厘米，小西瓜的表面积约为 1256 平方厘米。由此可知，小西瓜的体积只有大西瓜的 29%，那么三个小西瓜的体积一定小于一个大西瓜的体积。一个小西瓜的表面积是大西瓜的 44.4%，那么 3 个小西瓜的表面积一定大于一个大西瓜的表面积。在数据面前，我不得不承认爸爸是对的，买大西瓜的确更划算。

数学是严谨的学科，通过准确的计算，我们可以选择更有价值的东西，我真的越来越喜欢这门学科了。

[作者姓名：谢思璇　指导老师：彭传利]

[作品赏析]

这是一个有趣的数学故事，我们生活中习以为常的买西瓜这件事还藏着不少学问呢！

文章开头直奔主题——买西瓜，紧接着引出"买大西瓜划算还是小西瓜划算"的疑问。在接下来寻找问题的答案的过程中，小作者的心理描写、动作描写，以及父女俩的语言描写都非常精彩，尤其是小作者回到家里反复计算、验证的段落更加突出，让一个积极思考、坚持不懈的可爱的小女孩形象跃然纸上。

纵观全文，首尾呼应，详略得当，有很浓厚的生活气息，也有很严谨的逻辑思维，更有小学生热爱数学、勇于探索的可贵精神。

# 04

# 糗大了

（适合中、高年级阅读）

自称是"数学小能手"的我总爱缠着大人们即兴出个口算题来显摆一下实力。

这不，晚饭过后，我的虚荣心又作祟了。妈妈只好抿着嘴笑着说："听好了！3万加6万等于多少？""9万。"妈妈话音刚落，我就脱口而出。"8万减1万等于多少？"妈妈接着问。"7万！"这也太小儿科了吧！我不屑地瞥了妈妈一眼。

"继续啊！仔细听题！"妈妈诡异地笑着说，"4万乘5万等于多少？""20万！"我想都没想就报出了结果。"确定？"妈妈有点严肃。我暗暗合计了一下，四五二十，没错呀！"我确定！就是20万！"我仗着自己乘法口诀表倒背如流，自信满满地说。"10万除以2万等于多少？"妈妈的语气低沉了很多。看着妈妈的神情，我虽然认定5万就是唯一的答案，但还是不敢那么着急地说出来。于是我拿出纸和笔，列了一道竖式，得出来的商是5而不是5万，我庆幸刚才没说出来。我不好意思地小声说出了答案："是5！"妈妈点了点头。我又想起了上一题，于是也在纸上算了一次。哇！原来我坚持的20万是错误的，正确答案是20亿。我吐了吐舌头，觉得自己就像只"数学井底蛙"，真是糗大了！

妈妈语重心长地说："数学是一门严谨的学科，非常考验我们的思维能力。你一定要细心哦！要知道，粗心比无知更可怕！"

通过这件事，我明白了学数学应该认真想，仔细算才行。我一定要改掉粗心的毛病，踏踏实实做好每一件事，快快乐乐地成长。

[作者姓名：陈佳和　指导老师：彭秋良]

　　粗心大意是学习数学的大敌，学生在做题时往往会出现粗心的毛病。这篇数学日记中，小作者取材于现实生活中做数学口算题时发生的事，语言流畅、笔调轻松、条理清晰。小作者在叙事时，对妈妈的语言、神态描写比较到位，由"抿着嘴笑着——诡异地笑着——有点严肃——语气低沉——语重心长"层层递进；对自己的心理历程描写也很细腻，由"自信满满——不确定——不好意思——糗大了——感悟"，都合情合理。后来妈妈语重心长的教育让她懂得今后一定要克服粗心的毛病。老师也相信她一定能够改掉粗心的毛病，快乐学习，快乐成长。

# 05

# "化简为繁"也表扬

（适合中、高年级阅读）

老师经常说，学习就是要把复杂的问题简单化。偏偏有一次，我就把简单的问题复杂化了，居然还受到了老师的表扬呢！那天数学课上，老师给我们出了这样一道思考题：有两个水桶，小水桶能盛水 4 kg，大水桶能盛水 11 kg，不用秤称，怎样使用这两个水桶盛出 5 kg 水来？

一读完题目，我便认真思考起来，不一会儿就想出了两种方法。我信心满怀地把手举得高高的，可惜老师叫了另一个同学回答，她说："连续 3 次盛满小桶，先后倒入大桶，由于 12 比 11 多 1，当大桶盛满时，小桶还剩下 1 kg 的水，然后倒掉大桶里的水，把小桶里剩下的 1 kg 水倒进大桶，最后把小桶盛满，全部倒进大桶，大桶里就有 5 kg 水了。"老师表扬她爱思考，又问我们还有没有不同的方法。我再次高高地举手，用期待的目光望着老师，正巧老师也看到我了："王致远，你还有不同的方法吗？快说说！"我立马大声地回答："首先，把大桶盛满水，然后连续 2 次用小桶共倒掉 8 kg 的水，那大桶还剩下 3 kg 水；接着，把剩下的 3 kg 水倒入小桶，再次把大桶装满水，并倒出 1 kg 水给小桶，这时大桶还剩 10 kg 水；然后又连续 2 次用小桶倒完 8 kg 水，大桶还剩下 2 kg 水；接下来，将大桶剩下的 2 kg 水倒入小桶，又装满大桶，再从大桶中倒入 2 kg 给小桶，这时大桶还剩下 9 kg 水；最后将空余的小桶盛满，大桶里剩下的水就是 5 kg 了！"我一口气说完，四周就传来"哎呀""好麻烦啊"的声音，还有同学打趣说要节约用水哟。老师也并没有立即表扬我，而是问同学们是否听懂了，很多同学摇摇头，老师笑了笑，要我再慢慢说一遍，他同时在黑板上简要地写下我的倒水思路，特别圈住了 3、10、2、9、5 这些数字，然后面向全班同学说："你们看，王致远的方法，倒出了这么多不同重量的水，真是太了不起了。虽然他的方法不及第一种简单，但他这种敢于钻研的学习态度，值得我们每一个人学习，建议大家把热烈的掌声送给王致远！"

这一节课，我感受到了从来没有过的开心与自豪。老师的鼓励，让我坚信：只要主动思考、大胆发言，学习就会有更多的收获！

[作者姓名：王致远　指导老师：徐曹]

### [作品赏析]

一个普通的思考题，却给小作者带来了开心与自豪，你信吗？文中小作者提到的这个问题其实是一个不难解决的问题，但他却"意外"地发现还有一条"弯弯的路"。与其说这是个意外，不如说这是个必然，因为爱思考的人，总会有意外收获的！用最简单的办法解决问题，是我们数学学习中常追求的方向，但有时候，捷径并不能很快找到，倘若我们能像小作者一样，善于思考，敢于发言，即使找出了不是捷径的方法，也是有益的，更是值得肯定的。

## 06

# 怎么少了5元?

（适合中、高年级阅读）

昨天上午，我和妈妈一起去菜市场卖鸡蛋。菜市场真热闹，里面的蔬菜也是琳琅满目，应有尽有！瞧，胡萝卜穿着橘红色的外衣，显得格外美丽；西红柿像位害羞的小姑娘，脸涨得通红；土豆像个淳朴憨厚的农民，胖乎乎的……我们今天带来了30个大鸡蛋和30个小鸡蛋，大鸡蛋1元1个，小鸡蛋1元2个。我们把两种鸡蛋分开卖，不一会儿，60个鸡蛋就卖完了，一共收入45元。

今天，妈妈临时有事，便叫我去卖鸡蛋。到了菜市场，我很快找到昨天的位置摆好摊位。今天还是跟昨天一样，30个大鸡蛋，30个小鸡蛋。为了节省时间，我便把两种鸡蛋组合起来卖：2元3个——一个大鸡蛋，两个小鸡蛋。一位打扮时髦的阿姨向我款款走来，温柔地说道："小老板，帮我拿10元钱鸡蛋。""好的。"我麻利地帮阿姨拿了5个"组合"。就这样，三个鸡蛋卖两元，我很快就把60个鸡蛋卖完了。

我高高兴兴地回到家，把卖得的钱交给妈妈。妈妈数了数，疑惑地问我："这儿只有40元，怎么少了5元?"我一听，懵了。对啊，昨天可是卖了45元，今天怎么就只有40元呢？难道那5元钱长腿了，从我袋里跑出去了？仔细回想一下卖鸡蛋的过程，我没少收钱，也没多给顾客鸡蛋，更没有掉钱呀！"你是怎么卖鸡蛋的?"妈妈问我。我连忙把组合卖的方法告诉了妈妈。妈妈笑了笑，说："你去算算，这两种卖法钱数是一样的吗?"

难不成我的方法卖的钱少一些？不可能吧？我立马来到房间，拿出本子算起来。

| 昨天的卖法 | 今天的卖法 |
|---|---|
| 大鸡蛋：$1 \times 30 = 30$（元） | 一个组合（3 个鸡蛋）：2 元 |
| 小鸡蛋：$30 \div 2 \times 1 = 15$（元） | 组数：$60 \div 3 = 20$（组） |
| 一共：$30 + 15 = 45$（元） | 一共：$20 \times 2 = 40$（元） |

我傻眼了，真的少卖了 5 元！这是怎么回事？到底是哪里出错了？我静下心来，认真想了想我的组合卖法，1 大 2 小为一组，20 组就需要 20 个大鸡蛋和 40 个小鸡蛋。这样的话，我带去的大鸡蛋就会多 10 个，小鸡蛋会少 10 个。粗心的我到后来把大鸡蛋当成小鸡蛋给卖了！一个大鸡蛋比一个小鸡蛋贵 0.5 元，后面 10 个大鸡蛋全当成小鸡蛋卖就会少 $0.5 \times 10 = 5$（元）。原来是这样！

我不好意思地把真相告诉了妈妈。看来没学好数学还真不行！粗心大意更不行！

[作者姓名：李慧平　指导老师：卜传寅]

### [作品赏析]

　　本篇数学日记语言精美、逻辑清晰、结构合理，文章以小作者的亲身经历呈现数学的实用性，情节有趣而耐人寻味。

　　同样的鸡蛋，两次不同的卖法却相差 5 元，这是为什么呢？小作者通过计算和自我反思，找到了这背后的原因——粗心大意，将 10 个大鸡蛋当成小鸡蛋给卖掉了。卖鸡蛋，本是生活中极普通的一件事，但小作者却有着不同的经历，也有了不一样的收获。粗心大意不可取，但小作者后来主动去探寻出错的原因以及获得的对数学学习的感悟，是值得点赞的。相信这次经历，将给小作者留下难忘的回忆。

## 07

# 妙用可能性

（适合中、高年级阅读）

我爸爸是个彩票迷，每天都做着中 500 万元的美梦。妈妈很生气，两个人经常为这件事情吵架。我不知道该怎么办，不过今天我用所学的数学知识说服了爸爸。

今天上午，我上了一堂有趣的数学课，讲的是"可能性"。老师准备了一个盒子，里面有五颗红色的棋子和一颗蓝色的棋子，我们每次从中任意摸出一颗棋子，记录它的颜色，然后放回去摇匀再摸。就这样，我们一共摸了 20 次，结果摸出红棋子 16 次，蓝棋子 4 次。老师让我们思考：为什么摸到红棋子的可能性会大一些？

我连忙举手回答："红棋子有五颗，蓝棋子只有一颗。数量多，摸到的可能性就大。"

老师笑着表扬我："周禹含说得对，可能性的大小与其在总数中所占的数量的多少有关。在总数中占的数量越多，摸到的可能性也就越大；占的数量越少，摸到的可能性就越小。"

这时一只麻雀飞来，在窗户上叽叽喳喳地叫着，老师看了一眼麻雀，对我们说："一只飞过的鸟，刚好把屎拉在人头上的可能性是几百万分之一，你们遇到过吗？"

我们异口同声地说："没有！"然后哈哈大笑起来。

老师接着问："为什么呢？"

我们齐声答："因为可能性太小！"

放学回家，我又听见爸爸和妈妈在说买双色球彩票的事。爸爸说："如果我中了一等奖，就给你买辆 100 万元的车！"

妈妈很不高兴地说："一等奖,你怎么中得到?别白日做梦了!"

爸爸看到了我,连忙问:"禹含,你说我能不能中奖?"

我想了想,问:"中一等奖机率有多大呢?"

爸爸拿出手机,打开百度搜索了一下,双色球一等奖中奖概率为1772万分之一。

我看了后对爸爸说:"今天数学课上,老师告诉我们可能性的大小与其在总量中所占数量的多少有关。你的中奖可能性只有1772万分之一,可能性太小了,爸爸你别做发财梦了。"

"机会还是有的。"爸爸还是很固执。

我想着老师上课讲的话,问道:"你走路时被飞过的鸟拉屎在头上过吗?"

爸爸觉得莫名其妙:"当然没有!"

"今天老师还告诉我们:一只鸟飞过,刚好把屎拉在人的头上的可能性是几百万分之一。你的头上都没有被鸟拉过屎,几百万分之一的可能性你都中不到,更别说1772万分之一了,一等奖就别想了!"

爸爸听了我的话,若有所思:"你说得对,我买了十年的彩票了,最高的才中了2000多元,中一等奖的可能性确实太小太小了,我以后再也不沉迷其中了。"

我和妈妈高兴地笑了。

[作者姓名:周禹含  指导老师:易向华]

## [作品赏析]

小作者善于观察生活,有一双敏锐的眼睛。文章开篇讲到小作者有一个烦恼:爸爸是个彩票迷,做着不切实际的发财梦,妈妈和小作者无计可施。接着是对数学课的描写,从探索新知入手,老师所举的例子给了他启发,同时加入了自己的所思所想。最后,小作者用在数学课上所学的知识,成功地说服了爸爸。全文节奏明快、构思巧妙、生动有趣,情感丰富而真实,让人读后耳目一新,会心一笑的同时又能从中受到数学的启迪。希望小读者们在未来的学习生活中,也能用心感受和体味生活,同样写出这样的好文章。

# 08

# 榨油中的学问

（适合中、高年级阅读）

上周六，天空格外晴朗。我和妈妈运着两袋茶籽，兴高采烈地直奔塘泉榨油坊。

一到油坊，热心的老板连忙出来帮我们卸下茶籽，然后称茶籽、上火焙箱、打粉、做油枯饼、上榨、压榨，整套工序十分娴熟，怪不得人称"油师傅"。哇！油出来了！又多又清，从铁板的槽底部汩汩往下流，如山涧清泉。顿时，房间里弥漫着茶油的香味，妈妈看着，脸上绽开灿烂的笑容。今年又是一个丰收年。

渐渐地，油流过了高峰期，油量开始减少，"油师傅"开始把油舀出来，一称油净重43.2斤。这时，他侧过身来神秘地问我："小朋友，你帮我算算，每个瓶子大约装8斤油，共需要多少个瓶子，你妈带来了5个瓶子，够吗？"这还不是小菜一碟嘛，我心里暗自算了算：$43.2 \div 8 = 5.4 \approx 5$（个）。我得意洋洋地回答："5个就够了。"没多久，他把5瓶油装满了，可是油盆里还剩了些油，5个瓶子还真不够呢。看到这，我的脸色立马由晴转阴了。我刚才算错了吗？还是我之前学的"四舍五入法"有问题？我还真是百思不得其解。

说来真凑巧，这周一的数学课，老师讲授的内容是"去尾法"和"进一法"。这节课我听得特别认真，老师一讲完新课，我就连忙站起来，把那天榨油遇到的困惑如实地告诉了老师。在老师的引导下，我终于明白了：生活中求近似值不光只有"四舍五入法"，还有"去尾法"和"进一法"，我们要根据具体情况灵活运用，比如，在运货或盛装物品时，只要有剩余，就要用"进一法"；在做衣服或物品时，只能取整数，要用"去尾法"。

我爱学数学，就像鱼儿爱大海，雄鹰爱长空。以后我要谨记周老师的教诲：把书本知识和生活实际联系，平时多观察、多发现、多探索，这样才能自在地在数学天空里翱翔。

[作者姓名：戴昌豪　指导老师：周晚英]

### [作品赏析]

这是一篇写出了数学之趣、生活之趣的日记。文章的立意新颖，主题明确，语言优美、流畅自如，紧紧围绕"榨油"这一事件展开叙述，贴近生活。开篇第一、二自然段点明了时间、地点、人物、事情的经过，符合写日记的基本要求，让读者有身临其境的感觉。第三、四自然段是文章的重点，作者将数学中的"四舍五入法"运用于生活，却发现与事实不符。由此，引发了小作者的质疑。接着，又用"说来凑巧"很巧妙地过渡，老师新授的"去尾法"和"进一法"让他的思绪顿时峰回路转、柳暗花明，恰到好处地解开了小作者心中的困惑。生活中遇到的疑问又在书本中得到了解决，两者真是相得益彰。

## 09

# 为何要去掉一个最高分和一个最低分？

（适合高年级阅读）

上周五，学校组织我们四至六年级学生进行了"我在党旗下快乐歌唱"校园歌唱比赛。赛场上，所有的参赛选手都身着绚丽的服装，尽情展示着自己的歌喉，台下不时响起阵阵掌声。经过激烈的角逐，我们班获得了二等奖。比赛的结果虽然有点小遗憾，但我认为重要的是积极参与的过程。

在比赛中，我特别注意到了一个数学知识的有趣应用，那就是我发现评委老师在计分时都是在"去掉一个最高分和一个最低分"之后，再计算出平均分作为最后得分。以往我在电视上看到的歌手大赛和跳水比赛，也是采用这样的计分方法来作为参赛选手的成绩，这是为什么呢？

我猜想：莫非是为了防止有的评委打分过高，出现不公正情况？又或者是每个评委的评价标准不同，这样计分可以防止得分出入太大……带着强烈的好奇心，我查阅了网上的资料，结果发现：之所以用"平均数"，是因为它能够表示一组数据的集中趋势。但是，当数据中出现一、两个极端数据，那么平均数对于这组数据所起的代表作用就会削弱，为了消除这种现象，需将少数极端数据去掉，只计算余下的数据的平均数，并把所得的结果作为全部数据的平均数。因此，在评定比赛的成绩时，常常采用分别去掉一个最高分和一个最低分，再计算平均分的方法，以避免极端数据造成的不良影响。

求知使我快乐，数学丰富我们的生活！

[作者姓名：张斯洛　指导老师：唐琼]

　　数学世界里有很多有趣的小知识，我们的生活更是离不开数学。小作者有着善于发现的眼睛和聪慧的大脑，亲历一场比赛后，他认真思考，积极探索，收获了比赛中关于计分的奥秘，同时也享受到了求知带来的快乐。其实，数学知识是无处不在的，让我们留心观察，开动脑筋，去探索和挖掘更多生活中的智慧。

## 10

## "圈大圈小"的奥秘

（适合高年级阅读）

又是一个平淡的星期六。我写完作业后，又看了一会儿书，感到格外无聊。于是，我四肢一摊就躺在沙发上，朝着天花板喊叫道："我要出去玩一会儿！"正在这时，邻居家的玲姐姐过来了："唉……我也快憋死了，咱们一起去骑独轮车吧！""好哇！"我迫不及待地穿上外衣，跟着她出门了。她很快从她的家里搬出了她的宝贝——独轮车。

"我们比赛骑独轮车吧！"她提议。"OK！"我随口就答应了。"来，你骑这辆！"玲姐姐顺手推了一辆独轮车给我。我接过独轮车一看，我这辆的车轮比锅盖大不了多少，而玲姐姐那辆的车轮却有我家的水缸盖那么大。开始我有些疑惑，但是，经过思考后我恍然大悟，原来她想投机取巧战胜我。"玲姐姐，你要赖，你的车轮比我的大，这不公平。""这有什么不公平？"她不敢看我的眼睛，显然有点心虚。"你的车轮子比我的大，转一圈肯定比我的车跑得远。"说罢，我便开始测量，并计算给她看。"我这个轮子的直径是 35 cm，周长是 $3.14 \times 35 = 109.9$（cm），而你的车轮直径是 50 cm，那么周长是 $3.14 \times 50 = 157$（cm），你走一圈比我走一圈远多了。你个子比我高，力气也比我大，如果我踩一圈，你也踩一圈，那我可就输惨了！"此时，玲姐姐哑口无言，低着头偷偷地笑了，周围的人也都笑了。

[作者姓名：寻紫怡　指导老师：廖会合]

[作品赏析]

我们常说"玩中学，学中乐，乐中多收获"，这篇数学日记很好地体现了这一点。小作者用数学眼光观察生活，运用所学"求圆的周长"的知识很好地解决了玩耍时遇到的问题，让我们懂得独轮车一圈所走的路程，其实就是求这个独轮车车轮的周长。通过这个有趣的解决问题的过程，让数学活起来啦！我们也真正体会到了数学在生活中的价值。希望小作者继续努力，用聪明的大脑打开数学奇幻之门！

# 11

# 一亿颗绿豆有多重?

（适合中、高年级阅读）

绿豆，是一种我们大家熟悉得不能再熟悉的食物了。在妈妈们精心的烹制下，可爱的小绿豆变成了一道道美味的佳肴。不过广大的吃货朋友们，你们可不要想入非非哟！我可不会带你们去"吃"的世界里遨游，我是正儿八经来做事的。咦！你可能会问，做什么事呀？嘿嘿，其实我是要来看看一亿颗绿豆的重量有多重的。

一开始，我和妹妹找到小型秤，数了 100 颗绿豆后，就放在秤上称了起来。"6.5 克。"我和妹妹异口同声道。接着，我们开始进行推算。我问妹妹："一亿里面有多少个 100？""有 100 万个一百。"妹妹脱口而出，我点点头，又埋头苦"算"了起来。"$6.5 \times 1000000 = 6500000$（克），650 万除以一千，再除以一千……等于6.5吨！"我长呼一口气，总算算好了。这时，我突然想到：如果把一亿颗绿豆看作是一个个 25 千克的小朋友呢？于是，我又算了起来。这不算不知道，一算吓一跳。天哪，一亿颗绿豆竟然相当于 260 个 25 千克的小朋友的体重呢！

做完"一亿颗绿豆有多重"的小调查后，我深深地感受到：别看绿豆小小的，可它们团结起来后，却是很庞大的！正像大家所说的那样：团结力量大。

[作者姓名：黄佳　指导老师：张明玄]

## [作品赏析]

本篇文章语言流畅，生动有趣。提问式标题"一亿颗绿豆有多重？"充满童趣，既贴合主题，又能挑起读者好奇心，吸引读者的阅读兴趣。文章开篇点题，引人入胜。随后，通过小读者喜爱的故事形式展开，用轻松幽默的语气叙述了"我"和妹妹从提出绿豆重量问题到解决问题的过程。整个过程，不仅表现出小作者扎实的数学基础，清晰的思路，也体现了她善于发现、善于思考的精神。更难能可贵的是，小作者探究一亿颗绿豆的重量，收获的不只有问题的解答，还通过自己的思考，让一件简单的事情背后产生了更深刻的意义，得出了自己的感悟，感受到团结的力量，令人欣慰。

# 惊人的折纸

（适合中、高年级阅读）

在一次阅读的过程中，我偶然见到了这样一句介绍：一张厚度为 0.01 厘米的纸，对折 30 次之后的厚度竟然比珠穆朗玛峰还要高！

这无论怎么想都太不可思议了！毕竟是一张薄薄的纸，通过对折真能超过世界上海拔最高的山峰——珠穆朗玛峰吗？我把这个疑惑告诉了妈妈，妈妈表扬我敢于质疑，并鼓励我想办法去验证一下这个结论是否正确。

于是，我立马拿起一张比较大的纸开始对折，当对折到第 8 次的时候发现难以进行下去了。看来要想将一张纸对折 30 次几乎是不能实现的，而且还不能保证这张纸的厚度就是 0.01 厘米，所以只能另想办法了。

突然，我脑子里灵光一闪，可以通过计算来验证！把纸对折一次后，厚度是 $0.01 \times 2 = 0.02$（厘米）；对折两次后，厚度是 $0.02 \times 2 = 0.04$（厘米）……每对折一次，纸的厚度都是原来的 2 倍。随即，我拿出计算器，把 0.01 厘米连续乘 2，一共乘 30 次，得到 10737418.24 厘米。10737418.24 厘米，也就大约是107374 米。而珠穆朗玛峰的高度约是 8848 米，通过比较，很明显能看出对折30 次之后纸的厚度的确超过珠穆朗玛峰的高度，还是它的十多倍呢！真是太不可思议了！

其实，像这样惊人的数据在生活中无处不在，如：中国人每年在餐桌上浪费的粮食价值高达 2000 亿元，被倒掉的食物就相当于 2 亿多人一年的口粮；一个水龙头一秒钟漏一滴水，全国一年就漏掉上千万吨水……

［作者姓名：孔德良　指导老师：赵红］

　　这篇数学日记主要是小作者写自己对生活中一组数据产生的惊讶、质疑以及如何运用所学数学知识去验证的过程，写出了数学的"趣"，也让我们见识了小作者对生活中事物的敏感度、对未知知识的探究和质疑精神以及灵活运用所学的数学知识来解决实际问题的能力。全文围绕一个问题"将一张纸对折 30 次的厚度真能超过世界海拔最高的山峰——珠穆朗玛峰吗?"展开。小作者先是将纸对折进行直观验证，发现实际操作无法做到，然而他并没有放弃，又想到另外一种验证的方法，他用计算器将 0.01 连续 30 次乘 2，再换算成相同的单位进行比较。最后，他发现这个厚度不仅超过了珠穆朗玛峰的高度，还是它的十多倍呢! 整篇文章思路清晰，围绕"发现——验证——拓展"来进行写作，足以看出小作者善观察、勤思考、爱探究。

第二版块

数学童话
意味浓

# 01

# "数学童话意味浓"写作指点

欢迎走进"数学童话意味浓"版块。在数学童话里，只要我们愿意打开自己丰富的想象空间，就能塑造出许多栩栩如生的童话形象，将很多数学知识融入到这些有趣的故事中。这么有趣的数学童话，我们该如何去写呢？建议你从以下两个角度去思考。

## 一、数学知识角色化

在不断的学习中，我们已经掌握了很多的数学知识。比如：数字、形状、方向、运算符号、计算方法、有趣的解题思路……这里面有些知识对于我们来说是简单的、有趣的，也有些是复杂的、难懂的。但不管是什么样的知识，只要我们将它变成有趣的童话人物，在这些人物之间发生的故事就成为了我们感兴趣的数学知识。

比如：罗宇洋同学的《角角国的故事》，就在角角国国王选继承人的故事中，用锐角、直角、钝角、平角和周角的竞争为我们生动地呈现了不同角的特征和在生活中的广泛应用。在这里，它们不再是单调的数学概念，而是一个个有个性的独立个体。它们的自我介绍不再是我们要记住的数学知识，而只是我们了解到的一个童话人物的特征。原来数学也可以这般有趣、这么迷人。

邱宇浩同学的《小圆点求职记》里面，小圆点这个形象更是深入人心，小圆点走向不同的岗位，而不同的岗位有不同的职能，在不同的岗位上发挥不同的作用。小圆点的求职经历，悄无声息地为我们呈现了"小数点的位置""循环节""循环小数的简写方法"等知识。还有《图形宝宝争吵记》《奇异的分数王国》等故事，都借助自己塑造的生动有趣的数学童话角色，吸引着我们不断地了解童话中的数学，让我们欲罢不能。

上面提到的数学童话里，主角都是我们熟悉的数学知识，运用这种以知识本身为童话主角的写法，是不是让你有一种学数学就像找朋友一样的感觉呢？当你去了解这位朋友时，你就自然而然地懂得了这个知识。你心中有没有这样的数学朋友呢？想不想让更多的同学认识你心目中的数学朋友呢？动起笔来，用这样的童话故事，介绍一下你的朋友吧！

## 二、故事情节数学化

数学童话，我们可以像前面提到的，让数学知识变成一个生动有趣的数学角色，活跃在童话的世界里。除此之外，我们也有一些别的方法，让数学充满童话的韵味，深入每一位读者的心中。我们每个人心中都有一些自己喜欢的童话形象，有可能是别人笔下的，也有可能是自己想象中的，这些童话形象都可以成为我们数学童话中的主角。

比如：朱建豪同学的《花脸狐狸骗棕熊》，花脸狐狸巧妙地利用一个神奇的计算公式，让棕熊进行了一系列的计算，而自己则根据棕熊的结果神机妙算地推出了棕熊拥有的藏酒数量和年龄，得到了棕熊的热情款待和无比佩服。随着金丝猴凤凤的一一解释，阐明了藏在花脸狐狸神奇的计算公式背后的数学道理，棕熊才知道原来答案都是自己告诉花脸狐狸的，自己不过是被骗了而已。如此有趣的情节，是不是能让此刻作为读者的你去一睹为快呢？

还有《聪明的猴警官》《狗侦探》等故事，都为我们设置了很多意想不到的惊喜，而更令人喜出望外的是小作者们的"神机妙算"。数学在每个小作者的笔下都可以成为破解奥秘的武器。如果你愿意，充分发挥你的想象力，你也能成为数学童话中的一员，就像朱梓萌同学的《聪聪明明历险记》，她将两名六年级的小学生聪聪和明明写到了精彩的童话世界，他们用自己的智慧闯过了智慧王国的一关又一关，充满惊险与挑战，更充满欢声和笑语。

这部分数学童话中，数学知识不再是童话主角，但是数学让这些童话主角的生活更精彩、更丰富了。数学紧紧地围绕在这些童话主角的身边，可能是他们看到的数学现象，也可能是他们掌握的计算方法；可能是他们的通关法宝，还可能是他们的解密武器……把数学写进童话故事里，赋予它不一样的精彩，用另一种形式深入读者的心里。这种方法，你学会了吗？

最后，数学童话最主要的来源应该是你对数学的兴趣。因为兴趣能让数学在你心里更生动、更精彩。当有趣的、好玩的数学遇上你丰富的想象力和创造力，就能变成引人入胜的数学童话。你是否也想分享一下你心中那引人入胜的数学童话呢？尝试一下，期待你的精彩哦！

## 02

# 边关查"角"记

（适合中、高年级阅读）

在数学星球上，有着各种各样的王国，其中就有线王国和角王国。他们原本关系非常好，两国人民一直团结协作，互通有无。可最近，两国因为一件小事而闹僵了，角国王一气之下，命令锐角、直角和钝角这些士兵到边关值守，严格检查每一位入城人员，绝不允许线王国的任何一员踏进角王国半步。

城门外，有一群"游客"奔跑过来，首先过来的是一个矮个子和一个高个子。

钝角立马伸出一条长长的胳膊把他们拦住，锐角指着矮个子说："看你个头矮矮的，你不就是一条线吗？别以为裤腰带上别个扣子，就可以冒充我们了，赶快回到线王国去吧。"

"还有你，以为戴个帽子就可以进入我们角王国，别忘了你就只有一条边呢！你也赶紧回你的线王国吧！"直角望着高个子高傲地说。

矮个子和高个子异口同声地说："认真看看我们呀！哪是什么扣子（帽子）？那是我们的顶点，我们也都有两条边，和你们一样，我们本就是角王国的公民呀。"

钝角不以为然地说："你们骗谁呢？有身份证吗？掏出来看一看，证明一下你们的身份。"

矮个子和高个子低着头，摸摸口袋，没找着身份证。矮个子急得哇哇直哭，哭声引来了资深警察量角器先生。

量角器先生办案经验丰富，问清事情的来龙去脉后，他来到三个士兵面前，微微一笑，说："大家误会了，他们真的是角，只是他们的两条边比较特殊。"

量角器先生拍了拍矮个子的肩膀说："这位是平角，他的两条边成 180 度，刚好落在了同一条直线上。来，给他们表演一下你的拿手好戏！"

矮个子这才记起，给大家表演了一个劈叉。

"好优雅的平角呀！"大家都佩服极了。

量角器先生又指了指高个子说："看，这位是周角，因为他的两条边成 360 度，刚好重合在了一起，就好像只有一条边了。"

听完量角器先生的介绍，高个子高兴地翻了个跟斗，给大家展示了一下自己的技能。

"果然是咱们角王国的成员呀！真厉害！"钝角开心地说。

"原来是这样啊！"士兵们恍然大悟，他们又高兴又不好意思地低下了头。

第二天，角国王把角民们召集起来，郑重宣布："欢迎咱们的成员——平角和周角回归角王国！"台下响起了热烈的掌声。

从此以后，锐角、直角、钝角、平角和周角成了相亲相爱的一家人，并且他们相互约定，以后做事不再那么冲动了，不能只看问题的表面，要冷静观察。平角和周角也说以后不再丢三落四，这样才不会为难别人、为难自己。

[作者姓名：刘欣语　　指导老师：鲁红文]

[作品赏析]

　　这篇数学童话故事，让我们对数学元素"角"以及"角"与"线"的关系有了更加全面的认识。整篇文章语言生动，逻辑合理，情节构思巧妙，引人入胜。开篇两国出现矛盾，锐角、直角、钝角奉命到边关巡查，自然引出不像"角"更像"线"的高个子和矮个子，通过一问一答，让读者融入故事情节，一起思考他们到底"是线还是角"。文中士兵的疑问也为故事结尾埋下伏笔，而警察量角器先生的出场则是本篇故事的高潮和转折点，作为"权威"的专家，也让高个子周角和矮个子平角的身份被角王国所承认。小作者以独特的视角、大胆的想象、严谨的语言为我们解密了角王国的神奇世界，周角与平角的知识点无形之中入脑入心、意味深长。

# 03

# 小圆点求职记

（适合中、高年级阅读）

　　小圆点非常能干，在各学科国都十分受欢迎。

　　最近他在中文国任职，因为能力突出，被国王重用。所以他必须身兼数职，目前他是"着重号""分隔号""省略号"等几项重要工作的主要成员。中文国里有很多出色的人物，虽然自己身兼数职，被国王派往多个岗位，但小圆点总觉得自己的岗位容易被人忽视，自己的价值不能真正体现出来。这样的生活让他觉得越来越压抑，于是他萌生出一个想法——出国另谋生计。他常常梦想着：如果能在英语国或数学国找到一份能实现自己价值的工作，那该多好呀！哪怕只干一天也好。

　　一天，小圆点的好友"句号"透露给他一个好消息：中文国的友好邻邦数学国正在招贤纳士，急聘专业技术人才，充实到小数城各个岗位上。小圆点听到这个好消息，欢呼雀跃。于是写好辞职信，告别好友，孤身一人就来到了数学国的小数城。

　　小圆点来到了小数城的人才交流中心。工作人员听说小圆点是数学专业技术人才，非常热情地接待了他，并向小圆点介绍说："在整数城和我们小数城交界之处，经常会有非法越界、非法移民事件发生。所以为了阻止违法事件的发生，急需一位工作人员在这里站岗放哨。"小圆点听到后，思考了一会儿，心想：这个岗位还是挺重要，这样才能体现我的价值，那我不妨一试。

　　因工作需要，小圆点被更名为"小数点"。从此，他左边全是整数居民，右边全是小数居民。而他上班的地方就是整数和小数之间。小数点可守规矩了，他非常认真地执行自己的职责，一直站在整数和小数之间偏下方，从来不越界半步，也从不往数字正中间站。因为小数点的认真值守，小数城再也没有出现违法越界的事件。

在以后周末或休假的日子里，旅游局的朋友带着小圆点游遍了小数城，让他了解城内的风俗人情，亲眼目睹了纯小数、带小数、有限小数、无限小数的奇风异彩，也见识了发生在城里的各类怪异现象。

一个周末的上午，小圆点正在城内闲逛，突然被一阵嘈杂声拦住了去路，他又遇到了一个怪异现象。路人为几个写不完的小数喋喋不休地争论着：$28 \div 18 = 1.55555\cdots$；$70.7 \div 33 = 2.14242\cdots$；$3 \div 7 = 0.428571428571\cdots$。小圆点看着看着，灵机一动，心生一计，走了过去，高声说："我可以为你们排忧解难，你们小数部分有一个数字或者几个数字总是重复不断出现，我就站在这些重复数字的头上。一个数字重复，我就站在一个数字头上；两个数字重复，我就站在两个数字头上；三个或者三个以上数字重复，我就站在一头和一尾数字头上。如第一个小数可以用$1.\dot{5}$表示；第二个小数可以用$2.1\dot{4}\dot{2}$表示；第三个用$0.\dot{4}2857\dot{1}$表示。"用这样的方法小数写不完的难题果然迎刃而解了。路人都对小圆点佩服不已，数字不断循环的问题就被小圆点那么轻巧地解决了，于是热心的群众又给小圆点取了个专业的名字——"循环点"。

就这样，小圆点在小数城又找到了一份兼职工作，他每天早出晚归，就怕自己没有及时到岗，会让小数城天下大乱。在这里，他每天都觉得自己被大家需要着，这种感觉让他觉得特别幸福，他真心地喜欢上了这座城市，准备在小数城安家了。

[作者姓名：邱宇浩　指导老师：李科]

[作品赏析]

这篇数学童话故事，小作者以"小圆点"这个中心人物为切入点，讲述了"小圆点"的求职经历。以此为线索向读者一一展示了"小数点的位置""循环节"以及"循环小数简写方法"等数学知识，让读者对这些知识有了更加清晰而深入的认识。小作者严谨而巧妙地将一个个有关小数的知识串联起来，把从课本中学到的数学知识灵活地融入到这个故事中来，故事中趣味横生的表达、栩栩如生的画面感，都令人着迷。

# 04

# 长方形找兄弟

（适合中、高年级阅读）

一天，长方形在家照镜子，发现自己有着挺直修长的身材和笔挺的肩膀，便自豪地说："我真漂亮！"长方形爸爸笑着说："我们家族的成员都很美。不过，你还有几个和你很相似的兄弟，你能找到吗？"

长方形决定马上去寻找并认识他的兄弟们。走出家门没多远，他就碰到了圆，看见圆正在打着滚。长方形问："圆兄，你是我的哥哥吗？"圆笑道："我和你不是一家人，你看，我俩从头到脚没一点相像。我是由曲线围成的，而你的四条边都是直直的。所以呀，我不是你的兄弟。"长方形很高兴地告别了圆，又去寻找他的兄弟了。

走啊走，他碰到了三角形。这次，他吸取了刚才的教训，上前将三角形打量了一番，只见他的边都是直的，心想：总算找到了。"三角形，你是我的哥哥吗？"只听三角形说道："很遗憾，我不是，你有四条边，是四边形家族的成员，我却只有三条边。"长方形垂头丧气地离开了。

"哦，我属于四边形家族，我的兄弟究竟在哪呢？"正想着，他和一个人迎面撞到了一起。抬头一看，他愣住了：只见那人方方正正的，也有四条直直的边，对边相等，四个角都是直角，真是和自己太像了。他情不自禁地说："你是我的兄弟吗？"那人连连点头："我叫正方形，是你要找的兄弟。而且，我要叫你哥哥呢。你的特征我全都具备，并且我的四条边的长度都相等，我是特殊的长方形。"说完，他们紧紧地拥抱在一起。

接着，他们一起去找另外的兄弟，路上遇见了平行四边形。他们打量了一下平行四边形，只见平行四边形有四条边，对边相等。他们想：如果他站直了身子，肩膀不是也成直角了吗？就和长方形一模一样了。于是，他们异口同声地说："你是我们的大哥哥吧?"平行四边形高兴地点点头,把两个兄弟拉到了一起……

聪明的长方形终于找到了他的兄弟们。从此以后,三个好兄弟互相关心,互相帮助,快乐地在一起生活。

[作者姓名:王可欣　指导老师:周令满]

### [作品赏析]

在本篇数学日记中,小作者以儿童的视角、童话的形式,将长方形的特征、长方形与正方形、平行四边形的联系与区别,用对话的方式展现在读者眼前,妙趣横生,读来让人忍俊不禁,由衷赞叹作者对数学的感悟,使人对长方形的特征产生了外化于形、内化于心的深刻理解。

# 05

# 测量村的五兄弟

(适合中、高年级阅读)

在数学王国里,有一个测量村。村里面住着毫米、厘米、分米、米和千米几兄弟。他们每个人都统领着一个大军团。

有一天,国王对王后说:"我想带你去旅行,可是又不想走太远,太近的地方又没什么看头,怎么办呢?"王后说:"您可以叫测量村的那几兄弟来帮忙出出主意呀!"国王一拍脑袋:"是呀!我怎么把他们给忘了呢?"

于是,国王派出使者去测量村召唤毫米、厘米、分米、米和千米几兄弟。一听到国王的召唤,几兄弟争先恐后地来到王宫。

"我和王后想去一个新鲜的地方旅行,你们谁来帮我出出主意呀?"国王的话音刚落,戴着眼镜的毫米迈着小短腿冲了出来:"陛下,我和我的一千个兄弟经常去的地方就不错,那里开满了五颜六色的花,风景秀丽,您和王后肯定会喜欢的……"

毫米的话还没说完只听见几声"哈哈哈哈"的笑声,原来是厘米。他一下子跳了出来:"你那一千个士兵走的路只有 1 米远,你去的那地方也只不过是咱们村公园花坛的小角落吧!你还好意思说出来,哈哈!"毫米只能低头退下。厘米又说:"陛下,您去我厘米军团常去的地方吧。那里春天鸟语花香,夏天树木葱茏,秋天落英缤纷,冬天雪花还在树木之间捉迷藏呢!陛下,您看如何?"

"让我再想想吧。"国王捋了捋胡须皱眉道。

就在这时,平日里默默无闻的分米站了出来:"厘米兄弟,你说的是咱们村的树林子吧,我和我的一百个兄弟也经常去那里玩。风景确实不错,就是没什么看头。"分米顿了顿又说,"陛下,我最近常和我的一千个兄弟去一条大河边游玩,那里河水清凉,河边杨柳拂堤。早晨看旭日东升,傍晚看落霞满天,您看如何?"

国王仍然沉思着。米连忙上前把分米拉回队伍,语重心长地说:"陛下,分米兄弟说的是我们村的护城河,我的一百个兄弟也经常去那里练兵呢!陛下,不如我给您推荐一个地方,那里一望无际,山清水秀的,还建有方形大学、圆形博物馆和三角形体育广场呢,您和王后可以来一次游学之旅!"

国王说:"你说的应该是图形城吧,那里我去看过,确实不错!不过我和王后这次想去一个新鲜的地方。"

米听了也红着脸退下去了。

"陛下,请听臣一言。"见到几个兄弟都败下阵来,最稳重的千米有些按捺不住了,"我和我的军团去过很多国家,有波澜壮阔的海湾国、茫茫无际的沙漠国、繁荣富饶的平原国……但我觉得最值得您和王后去的地方是邻国——智慧国。它拥有 960 万平方公里的辽阔土地,从南到北四季景色各异,那里文化繁荣、国泰民安、君主开明、百姓们智慧友善。在那里,您和王后一定会得到最好的招待!"

国王捋了捋金黄的长胡须,说:"智慧国离我们这有多远?"显然他对这个地方很感兴趣。

"不远,也就 500 千米左右,如果搭乘飞机的话不到 2 小时,如果搭乘火车去的话大概 5 小时,不过坐火车可以沿途欣赏智慧国美丽的风景,体会智慧国国民的友好、善良和热情。"

国王听了这话不住地点头:"这是个好主意!很好!很好!——这次旅行就交给你们几兄弟去安排吧!"至此,国王的难题终于解决了!

一个月后,测量村的兄弟们跟随国王和王后搭乘火车来到智慧国。智慧国用最隆重的仪式、最热情的款待欢迎他们。智慧国还专门开辟了一条"丝绸之路"给数学王国带来了计算机、电子计算器等助力数学王国的发展。

从此,数学王国和智慧国一直保持着睦邻友好关系……

[作者姓名:龚曼清　指导老师:张绚]

📖 [作品赏析]

在这个故事中,小作者把数学中学到的长度单位:毫米、厘米、分米、米、千米等当作为国王解决难题的"谋士":老幺"毫米"性格活泼、一马当先；老四"厘米"性格直爽、个性张扬；老三"分米"默默无闻、温文尔雅；老二"米"机智聪慧、随机应变；老大"千米"成熟稳重、思虑周全。每个人物都很有个性，五兄弟齐心合力、共同应对，为国王解决难题，最终获得国王的赞赏。小读者们，这五兄弟你最喜欢谁？

五彩缤纷的小角落、风景秀丽的小树林、旭日落霞的护城河、文化繁荣的图形城和幅员辽阔的智慧国都让读者流连忘返！作品通篇语言优美、角色鲜明、情节严谨、精彩纷呈、耐人寻味。我们不禁为小作者丰富的想象力拍手叫好！

# 狗侦探

（适合中、高年级阅读）

前几天，奇幻森林里发生了一宗轰动整个森林的大案，羊博士在家中遇害了，现场一片狼藉，凶手至今下落不明。接到报案，森林警察迅速出动，第一时间赶到了案发现场，并封锁了去往羊博士家的各条道路。

熊警官通过仔细勘察，在凶案区域发现了自行车的轮胎印、乌龟的脚印、蛇蜕下的皮和狮子的毛发。通过搜索附近居民和车辆持有的情况及其他证据，熊警官锁定了四名犯罪嫌疑人：兔子、乌龟、蛇和狮子。几名犯罪嫌疑人立刻被带来问话，但是结果不如人意，几名犯罪嫌疑人都有充分的不在场证明。

几天来，熊警官一筹莫展。今天，号称"森林福尔摩斯"的狗侦探"从天而降"。他那神奇的大脑迅速运转起来：兔子家距离案发现场 5 千米，以自行车每小时 15 千米的速度，兔子 20 分钟左右可以到达羊博士家。但是当天兔子去了山上种萝卜，土里新长的幼苗可以证明。根据羊博士的死亡时间推测，可以排除兔子的嫌疑。乌龟住在距离羊博士家 4 千米外的河边，以乌龟每小时爬 2 千米的速度，2 小时才能到达羊博士家。从羊博士死亡到封锁案发现场不到 3 个小时。如果凶手是乌龟，按来回路程计算，乌龟至少要 4 个小时才能到家。但乌龟被传唤时是在家中，由此，乌龟的嫌疑也可以排除。蛇的不在场证明也非常合理，蛇皮是羊博士死前两天蜕下的，多位森林居民可以作证。似乎，一切的矛头都指向了狮子，而狮子和羊博士之间也确实存在不小的矛盾，上个月因为羊博士卖给他劣质生发剂的事情还扬言要杀了他。但是狮子因为掉了不少毛发，怕损害自己的威严，已经很久没有出过门了。案件似乎越来越扑朔迷离了，整个森林被凶案的疑云笼罩着，森林居民们对此议论纷纷，到处人心惶惶。

狗侦探咬着他的烟斗在凶案现场来回走动着，用他敏锐的鼻子勘察着，不放过一丝细节。突然，他从空气中嗅到了一丝不同寻常的味道，灵光一闪，"原来如此！"狗侦探大笑着拍着自己的额头，让熊警官把乌龟抓了起来。大家纷纷疑惑不解，经过狗侦探的一番剖析，大家恍然大悟，乌龟也在悔恨中承认了自己的罪行。

怎么回事呢？原来大家都忘了乌龟的另一项本领——游泳。他家住在河边，乌龟的游泳速度是每小时6千米，从乌龟家沿河游泳去兔子家只需要半个小时。他提前知道了兔子当天会不在家，利用上次龟兔赛跑赢来的自行车使用权，骑自行车去羊博士家，这样一共只需要50分钟就能到达目的地，这就给予了他充足的准备时间。为了进一步摆脱嫌疑，他还利用狮子与羊博士之间的矛盾，把在狮子家门外捡到的毛发留在了案发现场，企图嫁祸给狮子。但是"偷鸡不成蚀把米"，狗侦探就是通过残留在狮子的毛发上的味道，发现了其中蕴藏的秘密，找到了凶案的真相。"天网恢恢疏而不漏"，这个扑朔迷离的案件在乌龟的认罪中终于落下帷幕。至于乌龟为什么要蓄谋杀害羊博士呢？还是劣质生发剂惹的祸，好好的一只绿毛乌龟，变成了一只普通的没毛乌龟，素来爱惜毛发的乌龟因此恨上了羊博士。

就此，奇幻森林终于恢复了它原有的宁静。森林居民们也以此为鉴，再也不敢买卖伪劣产品。而狗侦探神奇的破案能力，也在奇幻森林里广为流传。

[作者姓名：欧阳朵　指导老师：黄莉]

[作品赏析]

这一篇数学童话故事，语言生动、用词严谨、情节曲折离奇、构思巧妙，富有趣味性，整篇文章的谋篇布局逻辑性非常强。文章开篇就设置"凶手至今下落不明"的悬念，迅速吸引读者们的阅读兴趣，使其在大脑中产生抽丝剥茧的好奇感。随后，熊警官的一筹莫展让故事开始变得扑朔迷离。而狗侦探的一番头脑风暴更把故事引入了高潮，严谨的数学计算与推理，让大家不得不佩服，同时也让整个情节更加跌宕起伏，给结尾埋下了巧妙的伏笔。结尾凶手的设计更是给人拨开云雾见青天的感觉，构思合情合理，妙不可言。

# 角角国的故事

（适合中、高年级阅读）

很久很久以前，有一个国家叫角角国。角角国的国王叫量角器爷爷。

一天，量角器国王说："我年纪大了，到了该退休的时候了，我必须要选一个能继承角角国国王的人。"于是，老国王决定在他最得力的五个大臣中挑选出新的国王，他们分别是：锐角、直角、钝角、平角和周角。

为了当上国王，五个大臣争论了起来，都觉得自己肯定是最合适的继承人。

直角说："我为人最直爽，最老实，办事不拐弯抹角，并且我能广泛地应用于各个领域。例如：建房子时就有很多墙体和窗户都是成90度的直角。做家具时也有很多柜子和桌椅的角是成直角，所以我是最合适的人。"

锐角说："别看我年龄最小，但我的作用很大。例如：房屋门前的台阶设计，斜坡就用30°左右最好，以方便人们行走。还有很多工具，用我就能让工具更锐利，所以我才是最合适的。"

这时，旁边的周角也不甘落后地说："我年龄最大，见的世面也最多。在生活中，你可能觉得很少看到我，但其实我是无处不在的。例如：汽车轮子上有我；吃饭的桌子上有我；大家最喜欢坐的摩天轮上也有我，所以我更合适。"

平角也不甘示弱地说："我性格最平直，办事也最公平，人们在生活中也最容易见到我。例如：在舞蹈室，人们在练习劈叉的时候，打开的双腿就形成了一个平角。还有小朋友看书时，常常把书翻开放在桌面上，也就成了我，所以我更合适。"

最后，钝角迫不及待地发话了："我虽然迟钝了一点，但我两手张开得最宽，心胸也就最广，喜欢我的人也最多。例如：我们夏天经常用的纸扇子，打开时就是一个钝角形状；还有，每个少先队员的红领巾上那个最大的角也是我。所以我最合适，理所应当。"

角角们都展示了自己最厉害的一面，都认为自己一定能被选上。

这时量角器国王走了进来，说："在我们的教室里、校园里、家里、上学的路上……到处可见你们的影子，因此你们每个人都很重要，生活中缺了你们谁都不行，所以我宣布：由直角、锐角、钝角、平角、周角共同管理角角国。"

最后五个大臣都心服口服，他们终于明白了互相合作是多么重要。

[作者姓名：罗宇洋　指导老师：徐婷]

## [作品赏析]

数学知识宛如核桃，果肉好吃但外壳难以打开。如果你想硬生生地将数学知识装进脑子里，就如把整个核桃硬生生塞进嘴里，说不定还会崩坏你的牙呢！不过这一难题在小作者的笔下迎刃而解。不信你看——小作者借助角角国国王挑选继承人的故事让数学知识有了生命力。随着童话故事情节的展开，各式各样的角的特点就这么被复活了，成了不同性格的角角国大臣：率性爽朗的直角、年少机灵的锐角、见多识广的周角、稳重正直的平角、心胸宽广的钝角。为了当上角角国国王他们你一言我一语地争吵，他们有理有据地摆起了自己的功劳——个个都是在生活中无处不在，应用广泛。

小作者别具匠心地在各位大臣的争吵中融入了角的分类与特征这些数学知识点，同时还巧妙地与生活联系起来，数学知识全化在童话故事里。小作者写得津津有味，我们读起来更是妙趣横生——原来数学之趣，数学之美，无处不在。

## 08

# 花脸狐狸骗棕熊

（适合中、高年级阅读）

花脸狐狸卖玉米赔了本，没有钱买东西吃了，饿得肚子"咕咕"直叫，走起路来东倒西歪，老牛苏轮正好路过此地，就问花脸狐狸："狐狸，你这到底是怎么啦?"花脸狐狸瞟了老牛苏轮一眼说："饿坏我了，都两三天没有吃过东西啦!"老牛苏轮一本正经地对花脸狐狸说："想吃饭，就要努力劳动，赚钱去买!"说完，老牛苏轮就回去干活去了。"哼，劳动? 劳动能当饭吃吗! 劳动多累呀! 多么浪费时间呀!"突然，狐狸灵机一动，"嗯，我有个好主意。"

狐狸一瘸一拐地跑到了棕熊家。棕熊家有个秘密酒窖，里面装有许多罐苹果酒和葡萄酒。因此，附近的邻居都叫他"酒鬼"。

狐狸问他："嗨，棕熊兄弟，听说你在地下修建了一个秘密酒窖，能告诉我一共有多少罐酒吗?"

"保密。"棕熊头也不回地答了一声。

"哈哈，在聪明的我面前，不可能有任何的秘密!"狐狸很有把握地说，"我出道题，你算一算，我不仅能说出你酒窖里有多少罐酒，而且就连你多大岁数都能知道。"

"真的?"棕熊不相信。

狐狸咳嗽了两声说："把你酒窖里的酒罐数乘 2，加上 5，把所得的数再乘上 50，加上你的年龄，再减去 250，把得数告诉我。"

棕熊趴在地上算了大半天，最后说："结果是 28909。"

狐狸立刻说："你酒窖里有 289 罐酒，你今年 9 岁。"

棕熊一摸前额想，对，酒窖里酒的总数是 289，今年自己真是 9 岁。

"神啊!"棕熊从心里佩服，他问狐狸，"你是怎么知道的?"

"自然是聪明的我根据你给的答案推算出来的,早就告诉了你,在我这,不可能有秘密的。"狐狸得意地回答。

"你太厉害啦!"棕熊不由自主地感叹道。

"这都是小菜一碟,你是不是特别佩服我?那你是不是应该好吃好喝地招待一下我呀!"狐狸显得十分得意。不一会儿,棕熊给狐狸端来了几盘好菜,外加两罐苹果酒。狐狸大吃大喝,临走时还拿走了两罐葡萄酒。

狐狸刚走,棕熊便到处宣传,说花脸狐狸神机妙算。金丝猴凤凤听到后,不忍棕熊被骗,就告诉棕熊:"你上了狐狸的当啦!"棕熊不信。

凤凤说:"你看算式:$(289 \times 2 + 5) \times 50 + 9 - 250 = 289 \times 2 \times 50 + 5 \times 50 + 9 - 250 = 28909$。酒数 289 是你自己写上去的,乘以 100 以后变成了万位、千位和百位上的数,而年龄 9 也是你自己写上去的,它变成了个位上的数。这样一写,把它们分开,一眼就能看出来。

"好一个花脸狐狸!"棕熊飞快地追了上去,夺过两罐葡萄酒,狠狠地砸在他的头上,这下可好了,花脸狐狸的头上添了两个大包。

[作者姓名:朱建豪　指导老师:周晓君]

### [作品赏析]

这是一篇童话体裁的数学故事,语言生动形象、富有童趣,情节跌宕起伏、引人入胜。在小作者的笔下,憨厚的棕熊、狡猾的狐狸的形象因故事情节的发展而变得鲜活起来。初看上去,让人不禁真的为狐狸的"神机妙算"而吸引。而随着后面故事的铺开,谜底也随着金丝猴凤凤的算式而揭晓,原来狡猾的狐狸正是利用算式欺骗老实的棕熊将自己的酒数乘以100加上自己的年龄而得逞的。读者读到此处也就恍然大悟。故事全文充满知识性和趣味性,读来令人感到意犹未尽、回味无穷。

# 09

# 聪聪明明历险记

（适合高年级阅读）

聪聪和明明是开心小学的学生，今年上六年级，他们俩的成绩旗鼓相当，所以他们一直暗中较着劲，很少主动和对方说话。

一天，聪聪和明明在校门口遇到了，正在他俩思考着要不要打个招呼时，面前蹦出两个拇指般大的小人，异口同声地对他俩说："你们就是聪聪和明明吧？我们尊敬的国王请你们去我们智慧王国转转，不过，我们的智慧国王可是聪明绝顶，你们可不要被他难倒了哟！"

聪聪和明明相互看了一眼，还没弄明白是怎么回事，就被两个小人拽着跑了，才短短几秒，他们就站在了金碧辉煌的宫殿里。

正中央的宝座上，坐着智慧国王，他面容和善，稍稍眯着的眼睛里满是沧桑和智慧。聪聪正想开口，国王却先说话了："欢迎来到我们智慧王国，我们国家正在评选最有智慧的人，听说你俩很聪明，但不知道你们谁才是最有智慧的人？"

"当然是我了！"明明自信地说。

"不，我才是最有智慧的人。"聪聪抬头骄傲地说。

"既然这样，那你们到我们的智慧密室中比试一番吧！"

聪聪和明明就这样进入了密室，走向了两条不同的通道。

明明走着走着，发现有一个屏幕，显示着一个题目："今日收到了一些朋友送来的水果，数量为 $80.35 \times 0.25 + 4.197 \times 2.5 + 0.2903 \times 25 + 0.0865 \times 25$，请解密，一共有多少水果呢？"明明微微一笑，回答道："这个题目太简单了。"他心想，这个算式里有 0.25，2.5 和 25，都有相同的数字 2 和 5，但小数点的位置不同，把这几个因数转化成相同的因数，再运用乘法分配律进行简便运算，就可以变成这样的算式计算：$25 \times (0.8035 + 0.4197 + 0.2903 + 0.0865) = 25 \times 1.6 = 40$。得到答案的明明兴奋地说："一共有 40 个水果。"

"恭喜你回答正确。"一个金钥匙浮现在他眼前。明明得到钥匙后开心地加快了步伐。到达大门时，他没有发现聪聪，非常开心，心想自己战胜了聪聪，最有智慧的荣誉称号就是自己的了。明明激动地将钥匙插入门中，可发现大门怎么也打不开，仔细一看，大门竟两个钥匙孔，只见门上显示：拥有两把钥匙才能打开智慧密室的大门。

这时，聪聪正完成挑战，走了过来。

聪聪遇到的题是这样的：智慧王国丢了一个银色的杯子，据小偷发来的信，杯子在智慧公寓的 X 号，$X = \{ \bigcirc \div \bigcirc \times (\bigcirc + \bigcirc) \} - (\bigcirc \times \bigcirc + \bigcirc - \bigcirc)$，从 1~9 中不重复地选出 8 个数，填进上面的圆圈中，使 X 的数值尽可能地大。

聪聪思考了一阵，自言自语道：要最大，第一个圆圈一定要填最大的 9，第二个就要最小的 1，两个圆圈相加也要尽量地大，一个填 7，一个填 8，现在还剩下 2、3、4、5、6 五个数，选哪四个呢？

他灵机一动，有啦！$\bigcirc \times \bigcirc + \bigcirc$ 这三个圆圈尽量填小一点的数，而最后一个要填大一点的数，说完，就报出了答案：$\{ 9 \div 1 \times (7 + 8) \} - (2 \times 3 + 4 - 6) = 131$。刚说完，一把金钥匙神奇地出现在自己眼前……

聪聪看到明明在自己的前面，心里失落极了，脚步也慢了下来。这时明明对着聪聪拼命地招手，并大声喊："聪聪，快来，我需要和你合作!"听到明明的话，聪聪快速跑了过去。两个人同时把两把钥匙插入钥匙孔，大门上立刻显示：闯关成功! 团结就是力量! 于是两人顺利地走了出来。

国王问他们："恭喜你们闯关成功，你们谁是最有智慧的人呀?"

"团结的我们都是最有智慧的人!"聪聪和明明齐声答道。

后来，聪聪和明明交流了他们的经历。聪聪佩服着明明，能快速地解决问题。明明更佩服着聪聪，遇到难题能冷静地思考解决办法。从此，他们成了互相欣赏彼此的好朋友，更学会了人世间最美好的品质——团结互助。

[作者姓名：朱梓萌　指导老师：李国良]

    小作者以童话的形式构建了一个数学的故事，在故事中我们感受到了孩子的好强、好学、善思。小作者用精彩的语言、跌宕起伏的情节紧紧扣住了读者的心，由好强引起的相互竞争，到相互帮助，让他们懂得了团结互助的力量，更让我们感受到了童话的美、数学的趣、思想的善。

## 10

# 图形宝宝争吵记

（适合中、高年级阅读）

在一个宁静的夜晚，牛伯伯叫了兔子阿姨、老虎大叔、猫大婶来谈建房子的事。其他都商量好了，就剩下屋顶架的问题。用什么形状做屋顶架呢？大家都在议论着……

图形宝宝们听了非常高兴，自己终于可以派上用场了。方形宝宝说："我灵活，用我做屋顶架吧！"三角形宝宝说："我具有稳定性，做屋顶架是个不错的选择哦！"方形宝宝又说："我灵活，可以多变，做屋顶架多拉风呀。"三角形宝宝反驳道："你容易变形，一推就不稳了，不适合。"方形宝宝不服气地说："我才不管那么多呢，反正我就是要做屋顶架，这个机会我一定不放过。"就在这时，兔子阿姨说："方形宝宝，你确实十分灵活，却容易变形，很难固定，做屋顶的话，后果会很严重的。"可是不管别人怎么劝阻，方形宝宝仍然坚持着，后来牛伯伯就让方形宝宝做了屋顶架。

房子刚建好不久，牛伯伯把建房子搭的支架撤下，没一会儿屋顶就塌了。这时，牛伯伯气愤地指责方形宝宝："我好不容易建好房子，又得重做屋顶，你害得我损失了不少钱。"方形宝宝很沮丧，说自己没用。就在这时，山羊爷爷来了，对方形宝宝说："因为你容易变形，所以屋顶会塌。你不适合做屋顶，但有些职业却需要容易变形的图形宝宝。"方形宝宝高兴地说："什么呀？什么呀？我可愿意去干了！"山羊爷爷神秘地说："当推拉门。"

就这样，方形宝宝做成了推拉门，三角形宝宝做成了屋顶架。牛伯伯、兔子阿姨、老虎大叔、猫大婶、山羊爷爷都夸他们是有用的宝宝。

这样，三角形宝宝和方形宝宝都各尽所能派上用场，它们和好如初了。

［作者姓名：李郁玲　指导老师：娄玉萍］

  小作者取材新颖、构思奇妙，全文语言朴实、流畅，情节生动有趣、耐人寻味。

  文章用清新有趣的语言描写了图形宝宝争当屋顶架的事情，通过这样的一个故事，我们明确了三角形和方形的不同特征，同时也告诉我们，不同的图形在生活中有不同的应用。作者十分巧妙地将数学与故事结合，故事读来轻松愉悦，也让数学知识以更生动的形式留在读者的心间。

# 11

# 奇异的分数王国

（适合高年级阅读）

在遥远的外太空，有一颗渺小的分数星球，同茫茫宇宙相比，它只有一叶扁舟那么大。由于每一个分数星球的子民都不一样，所以分数星球也被人们称为"不重星"。在那上面有真分数国和假分数国两个友好的国家。他们经常相互串"门"。有一天，真分数国的国王$\frac{1}{2}$心血来潮，想去拜访自己的朋友——假分数国国王$\frac{4}{3}$，他稍微准备了一下就出发了。

不一会儿，十万军队护送尊贵的$\frac{1}{2}$国王来到了国王$\frac{4}{3}$的领地。下车后，$\frac{1}{2}$国王一边大摇大摆地走着，一边哼着小曲。就在这时，一个名叫$\frac{18}{7}$的摩托赛车手骑着摩托车向这边驶过来，见如此大阵仗，吓得一时没来得及刹车，就朝$\frac{1}{2}$国王撞了过去。顿时灰尘四起，护卫都被熏晕了，过了好半天才醒过来，可这时国王已经不见了。护卫急了，正准备下令寻找国王时，一个名叫$\frac{9}{7}$的走了过来说："我们走吧。"

护卫不解地问："你是谁？我们为什么跟你走？"

"我是你们的国王！"$\frac{9}{7}$说。

"你是谁的国王？我们的国王是$\frac{1}{2}$！"说完，护卫们都一哄而散找$\frac{1}{2}$去了。

可怜的护卫，他们并不知道眼前的这个$\frac{9}{7}$就是他们的国王，因为$\frac{1}{2}$与$\frac{18}{7}$相

"撞"就会得到$\frac{9}{7}$。$\frac{9}{7}$郁闷死了，心想自己堂堂一代帝王，竟然沦落到如此地步，心里十分失落。走着走着，他来到了一座富丽堂皇的宫殿面前，原来是$\frac{4}{3}$的皇宫。他决定进去试试运气，看看自己的老朋友有没有办法把自己变回去。

于是，他敲了敲皇宫的大铁门，一个卫兵出来对他说："先生，有什么可以帮你的吗？"

$\frac{9}{7}$说："我想找国王。"

"预约了吗？"卫兵问。

"预约了，还差三分钟。"为了见$\frac{4}{3}$，$\frac{9}{7}$只好撒了一个谎。

那个卫兵看了一下表之后说："时间到了，快进去吧！"

$\frac{9}{7}$大步流星地走了进去。那一头，卫兵打电话给$\frac{4}{3}$，告诉$\frac{4}{3}$他约的客人到了。$\frac{4}{3}$抓破脑袋也想不起他除了$\frac{1}{2}$还约了别人。

$\frac{9}{7}$进来了，$\frac{4}{3}$对他说："我们约过吗？"

"当然，我是$\frac{1}{2}$。"$\frac{9}{7}$随即把刚才发生的事情一五一十地跟$\frac{4}{3}$说了一遍。

$\frac{4}{3}$想了一会儿，对$\frac{9}{7}$说："我也不明白这是为什么，不过我们王国相传有个秘诀，按你说的，你是被$\frac{18}{7}$撞倒的，只要你回去，找一个叫$\frac{7}{18}$的分数，跟他撞一下，你就会变回来了。"

$\frac{9}{7}$听后，火速赶往自己的国家，找到了$\frac{7}{18}$，终于变回了原来的自己——$\frac{1}{2}$。

经过这件事之后，$\frac{1}{2}$常常把自己锁在房间里，他一直在研究为什么自己跟$\frac{18}{7}$相撞后会变成$\frac{9}{7}$，他研究了许多天，终于得到了答案。原来是自己跟$\frac{18}{7}$相撞就等于自己跟$\frac{18}{7}$相乘，相乘之后就等于$\frac{9}{7}$了。而且不管是国王还是臣民，只要两两相撞之后就会变成一个新的分数。如果要变回来，就要去邻国找和自己相撞的分数的倒数再撞一次。研究出来后，他立马就去了假分数国，找到假分数国国王$\frac{4}{3}$，并跟他说明了这个原因，假分数国国王$\frac{4}{3}$哈哈大笑："你可真聪明呀，原来我们国家一直相传的秘诀就是乘法呀！谢谢你跟我分享你的研究所得，要不然我们把咱们各自的国民集合起来跟他们说说这个发现。""好啊。"真分数国国王愉快地说道。

　　从此，两国臣民都知道了这个"相撞"背后的真谛，并永世流传。

　　据说，国王$\frac{1}{2}$与国王$\frac{4}{3}$的友谊一直延续到了他们的子子孙孙，两国之间的友谊也越来越深，两国臣民们更是团结友爱……

[作者姓名：游善雅　指导老师：唐静]

### [作品赏析]

　　这篇文章构思巧妙，文笔生动流畅，用词丰富、充满童趣，最值得一提的是小作者能够把所学的数学知识应用得得心应手，使整篇故事在幽默的同时逻辑严谨，在妙趣横生的同时又能使人学到知识。

　　文章情节跌宕起伏。开篇，小作者就用真分数国和假分数国的描述迅速吸引了读者的眼球，而$\frac{9}{7}$的出现使剧情变得扑朔迷离，激发了读者的兴趣，也为后来$\frac{1}{2}$国王的复原埋下了伏笔。接下来，两个国王生动的对话更是把故事引入了高潮，读者也跟随着小作者的笔触思考让$\frac{1}{2}$国王变回去的方法，最后的方法让人恍然大悟，而完满的结局更使人感到和谐而温馨。

## 12

# 数学王国之旅

（适合中、高年级阅读）

我最喜欢的动画片要数《哆啦 A 梦》了。有一天，我做了一个非常神奇的梦，梦见在一个金桂飘香的秋日清晨，哆啦 A 梦和大雄来到"数学王国"，为了掩人耳目，哆啦 A 梦从百宝袋里拿出一个宝物，"嗖"的一声变出一辆跑车缓缓地在街上行驶。他们一边行驶，一边欣赏着"数学王国"的景色，行驶到一个岔路口，正当他们要转弯时，一辆载着"加、减、乘、除"孩子的校车挡住了他们的去路。

"加法小孩"第一个从车里窜出来，牛气哄哄地说："你们是谁？来数学王国必须通过我们的考验。你们精通加法吗？"大雄对加法还是有些信心的，他连连点头。"好，你答对了我就放你一马，$384 + 670 = ?$ 告诉我答案。"正当大雄要脱口而出等于 1050 时，哆啦 A 梦抢先回答道："等于 1054。"大雄先是皱起眉头，思考了一会儿后吐了吐舌头，开始自言自语。

> 我又犯粗心的毛病了，相同数位相加，任何数加0都得原数，多亏了哆啦A梦！

"减法小孩"又从车里跳了出来，喊道："你们以为没事了吗？先过了我这关再说吧。"大雄没底气地说："那……那来吧。""加减混合运算 $100 - 98 + 2 = ?$ 快告诉我答案。""这也太简单了！"大雄心里暗喜，正当他要脱口而出等于 0 时，哆啦 A 梦再次抢答："等于 4。"大雄将快要吐出的话收了回来，轻轻地吁了一口气，懊恼地直敲脑袋。

我的妈呀！差点又错了，加减混合运算在没有括号的情况下，应该从左至右依次运算呀！昨天老师刚教的我怎么又忘了！

"乘法小孩"不知什么时候也站在了大雄和哆啦 A 梦面前，不紧不慢地说道："我这关也必不可少。""来吧。"大雄对乘法了如指掌，信心一下子涌了上来。"$24+7\times8=?$"大雄刚想说出"$24+7=31$，$31\times8=248$。"哆啦 A 梦又抢先一步："$7\times8=56$，$24+56=80$。"大雄十分沮丧！

我为什么老是出错！四则混合运算应先乘除后加减，又忘了！下一道题我一定不能再错了！

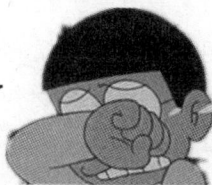

最后，"除法小孩"慢悠悠地走了出来，说："2 分米的绳子对折两次后是多长？告诉我答案。答对了我们六个人做好朋友，答错了你们马上回家。因为在我们数学王国里，强者永远拥有至高无上的权力。""加法小孩""减法小孩""乘法小孩"也不约而同地点点头。大雄这次可是小心翼翼：对折两次后分成了 4份，2 分米＝20 厘米，$20\div4=5$（厘米）。"等于 5 厘米。"大雄坚定地说。"除法小孩"微笑着对大雄说："恭喜你答对了！"终于答对了！

大雄喜极而泣，哆啦 A 梦给予大雄热烈的掌声。

"加法小孩""减法小孩""乘法小孩"以及"除法小孩"齐声说道："数学其实并不难，只要你认真思考、仔细审题、细心检查，再复杂的题目也会迎刃而解。"大雄和哆啦 A 梦听了频频点头。之后，他们成了形影不离的好朋友。

哲学家培根曾说过："数学是打开科学大门的钥匙。"大雄和哆啦 A 梦却说："数学是结识好朋友的敲门砖。"

每次做数学题时这个神奇的梦都会提醒我：认真思考、仔细审题、细心检查！

[作者姓名：董楚瑜　指导老师：郭琦]

[作品赏析]

　　这篇数学日记语言生动丰富，精心细腻地描绘了人物的动作、神态、心理。以童话的形式，用大家熟悉的人物形象"大雄"和"哆啦A梦"在数学王国的经历为主线，围绕自己在数学学习中加、减、乘、除法经常出现的易错点展开故事情节。通过闯关的形式，深入浅出地道出了四则运算的运算法则和小朋友们计算时的注意事项。本文充分地寓知识于故事中，让大家轻松地接受知识。结尾处更是锦上添花，点明中心：认真思考、仔细审题、细心检查。文章取材新颖、构思巧妙，语言生动活泼，富有儿童情趣。

# 13

# 聪明的猴警官

（适合中、高年级阅读）

秋天来了，森林里处处瓜果飘香，小动物们开心极了，但最近一件大事情惊动了大家！

小兔子来到了猴警官家，对他说："不好了，我家的胡萝卜都被偷了，我也被打伤了，好像是老田鼠干的！当时天黑，我没看清楚，快去抓他吧！"

于是，猴警官去了老田鼠家。

猴警官大声说："你是不是偷了小兔子的胡萝卜，还打伤了他？"

"你最好说实话，我们的猴警官来了！"大家说。

"不是我！我们田鼠一般是半夜出去觅食。而我是昨天 24 时出去的！"老田鼠大声叫着。

猴警官立马走了过来，对老田鼠说："你还骗人！昨天 24 时正是半夜，还不从实招来！"

"是……是……胡萝卜是我偷的，可小兔子不是我打伤的。我昨天偷胡萝卜时，闻到了狐狸的气息。"老田鼠小声说。猴警官听见了老田鼠说的话，立马去找狐狸。

"狐狸，有人说你昨天去小兔子家，还把他打伤了？"猴警官问。

狐狸大叫："怎么可能是我！我昨天喝醉了酒，一直睡到现在才醒。"

狐狸接着说："我前几天在东边见到了一坛子好酒，有 1000 毫升，第一天我喝了一半，没醉，第二天我就把酒坛子兑满清水，又喝了一半，还没有醉，第三天我又把酒坛子兑满了清水，全都喝了，就醉了！"

猴警官大声说："你撒谎！"他接着解释道，"第一天，你喝了一半，剩下 $1000 \times \frac{1}{2} = 500$（毫升），第二天 $1000 \times \frac{1}{2} \times \frac{1}{2} = 250$（毫升），第三天 $1000 - 500$

$-250=250$（毫升），你第一天喝了 500 毫升的酒都没醉，第三天只喝了 250 毫升的酒，不可能会醉的，你还不承认？"

"我……是我……昨天闯进小兔子家把他给打伤的。"狐狸结结巴巴地说。

于是，猴警官把老田鼠和狐狸抓进了牢房。从此，小动物们都过上了幸福、快乐的生活。

[作者姓名：刘雨彤　指导老师：欧阳经伟]

### [作品赏析]

　　这篇文章构思巧妙，用词恰当，情节一波三折，作者利用数学知识进行布局，学识渊博的猴警官用数学知识接连破案，让犯罪分子心服口服，低头认罪，还给了动物们一个幸福安详的生活环境。

# 14

# 小狐狸的"骗术"

（适合中、高年级阅读）

星期六这天的太阳不知怎么了，变得异常毒辣，晒得花花草草奄奄一息，大树也是枯蔫焦黄，仿佛连空气都变得懒惰起来。

森林大街上，只有小狐狸和少数几只小动物走着，小狐狸更是耷拉着头，吐着舌头，大汗淋漓。"不行了，这天也太热了吧，再走下去，恐怕会被烤熟的。得去休息休息，解解渴了。"小狐狸边走边说。他看看周边，突然，眼睛一亮："冰激凌店，太棒了！真是要什么来什么。"刚想完，小狐狸便向冰激凌店飞跑过去，一进入冰激凌店，一股凉爽的风迎面而来，周围仿佛一下子宁静了下来。刚刚和现在几乎就是两个世界啊！小狐狸吹着空调想。过了一会儿，他又摸摸自己干裂的嘴唇。哎呀，好想买一个 10 元的大冰激凌啊，可我只有 8 元，怎么办呢？

小狐狸正想着，这时，刚好小狼、小熊、小狮也来买冰激凌。小狐狸看见他们，眼珠子咕噜一转，咦！有主意了。

小狐狸跑到他们面前，皮笑肉不笑地说："你们好，好久不见。小狼，听说你作文大赛得了一等奖，我可羡慕了。小熊，你的跆拳道是不是到黑带了？唉！我太瘦了，仿佛一阵风也能把我吹倒。还有小狮，你在跑步比赛中有没有得一等奖啊？哎呀，我这不是明知故问吗？反正也没人能超过你。对了，你们也是来买冰激凌的吗？不如我们合在一起买吧？"

小狼、小熊、小狮被他说得心花怒放，想都没想就答应了。

于是，小狐狸走到收银台说："我们要买一个 10 元的冰激凌和三个 6 元的冰激凌。"

说完，他转过身来又对小狼、小熊、小狮说："$10 + 6 + 6 + 6 = 28$（元），一共要付 28 元，我们有四个人，所以每人要付 28÷4＝7（元），公平吧？"

"公平，公平。"大家齐声回答小狐狸。

付完钱，大家开心地吃着冰激凌，被狐狸骗了都全然不知。直到吃完之后，小狼才先反应了过来。

"小狐狸，不对呀，为什么你吃 10 元的，只要付 7 元，而我们吃了 6 元的，却要付 7 元，你算错了吧？"

小熊、小狮听了也说："是啊，是啊。"

小狐狸紧张地说："这怎么可能啊？咱们买 4 个冰激凌，共 28 元，那要不你们自己算一次。"

小狼、小熊、小狮又各自算了一遍，说："没算错呀，那是哪里不对呢？"

看到他们的反应，小狐狸心想："平均数的意义都不知道，不被骗才怪。"然后变得理直气壮起来："看，我没骗你们吧！都说了平均每人 7 元，平均数就是 7，怎么会错？"

小狼、小熊、小狮的脸被气得通红，说不出话来。

过了一会儿，小狼终于想通了，赶紧跟小熊、小狮解释了一番："小狐狸好狡猾，竟然用我们多出的钱去补齐他少的钱，虽然我们平均每人是 7 元，但这并不是指我们每个人的钱，这应该就是小狐狸说的平均数在作怪。"

明白自己如何被骗后，他们一起跑到了小狐狸前面，告诉他："你居然利用自己懂的一点数学知识要小聪明，辜负我们对你的信任，现在我们明白过来了，我们再也不理你了！不仅如此，我们还会告诉所有的朋友，平均数虽然表示我们买东西的平均价钱，但并不意味着我们都是那个数，以后大家都不会再上你的当了。"

后来，所有小动物都提防着小狐狸，每次小狐狸开始算数学时，大家就会打起精神，思考小狐狸计算背后的秘密。时间一久，大家越来越聪明，再没有上小狐狸的当。

[作者姓名：李俊熙　指导老师：陈志勤]

[作品赏析]

这是一篇构思巧妙、想象丰富的数学童话故事。全篇采用大量的对话形式，严谨而又充满童趣。娓娓道来的故事情节中蕴含着数学中的"平均数"知识，小作者借此故事清晰地再现孩子在数学学习过程中思维的发展变化，从而促进孩子思维条理化，使人在轻松愉快地阅读的同时，对数学知识也有了更深的认识，充分体现了小作者对所学知识的融汇贯通。

# 15

# 语文国和数学国的故事

（适合高年级阅读）

在很久很久以前，地球上有两个王国，语文国和数学国。两国表面关系友好，但一直存在着竞争，实际上语文国国王一直想着打败数学国，一统天下。

强大的语文国里居住着许多汉字小精灵，他们骄傲地行走于世界。数学国的成员们很低调，但各有特色，里边的数字形态各异：有像木棒的 1，像小鸭的 2……有带尾巴的 1.1、1.2……有叠叠坐的 $\frac{1}{2}$、$\frac{2}{3}$……还有灵动优美的字母：女王 $x$，女神 $y$，可爱的 $a$，小巧的 $b$……

更为重要的是，每个数学家庭都有很深的含义。整数 1、2、3，表示数量的多与少；小数 1.1、1.2、1.3，那就更精确了；分数 $\frac{1}{4}$、$\frac{2}{4}$、$\frac{3}{4}$，不仅表示数，还表示部分与整体的关系。而可爱的字母 $x$、$y$、$a$、$b$、$c$ 更神奇，她们是多功能的，一般可以表示任何一个未知数或一些有特定意义的数……

一天，语文国国王召集了大臣们，商量着派出几名大臣，去刺探数学国的情况，好为她一统天下做准备。于是，风、花、雪、月四位大臣领旨出发了。

这天，阳光依旧灿烂，海水轻轻拍打着沙滩。字母 $x$ 正和小伙伴玩着游戏，见有邻国贵客来访，连忙热情地迎上去，欢迎她们一起来玩游戏。数学王国其他的数字和字母还给她们表演了舞蹈，并把最美味的食物拿出来给她们品尝。她们度过了非常开心的一天。

虽然如此，风、花、雪、月还是没忘记自己的使命。她们四处探听数学国的消息，直到一天花和 $y$ 聊天得知，数学国为了天下和平，销毁了所有的武器，并且把土地全都分给了臣民们，让他们春种秋收，大家生活得非常幸福。还听说，数学国国王得知语文国最近缺粮，正在筹备一批粮食，准备赠给语文国。

花听了很感动，便和伙伴们一同回国，将情况汇报给了国王。国王决定亲自前往数学国一趟。

语文国国王受到了数学国的热情款待，还领略到了百姓的安居乐业、团结友爱。

数学国国王对语文国国王说："听说贵国粮食短缺，我为你们准备了一批粮食，目前在我们的宝藏库里。既然国王您亲自来了，有兴趣一同前往吗？"

"好！没问题！"于是大家一同来到粮食库。门上出现了这样一幕：

$$
\begin{array}{r}
我\ 热\ 爱\ 和\ 平 \\
\times\qquad\qquad 我 \\
\hline
平\ 平\ 平\ 平\ 平\ 平
\end{array}
$$

我 =（　　）　热 =（　　）　爱 =（　　　）
和 =（　　）　平 =（　　）

语文国国王看了，抓耳挠腮，心想："这不是我们语文国的臣民吗，为什么配上数学国的符号，我就不太明白了呢？"她望了望同行的风、花、雪、月，只见她们也很茫然。

这时，数学国国王开口了："字母 $a$，你给语文国国王说说。"

"好的！那我献丑了。国王您看，首先我们从个位的'平 × 我'入手，乘出来的积，末尾也是'平'。国王您觉得是几乘几？" $a$ 礼貌地问道。

"嗯，$1 \times 1$，$1 \times 2$，……是不是 $5 \times 3$？"语文国国王问。字母 $b$ 抢着说："$5 \times 3 = 15$，那'平'是 5，'我'是 3。接下来'和 $\times 3 + 1$'就要等于 5，可是没有哪个数字符合。让我们再想一想？"

"$5 \times 7 = 35$，哦，是 $5 \times 7$！35 的个位正好是 5！"语文国国王兴奋地说。

字母 $c$ 说："您确定？让我们来看看对不对，若'平' $= 5$，'我' $= 7$，那'和' $\times 7 + 3$ 等于末尾是 5 的数，那'和'是多少呢？"

语文国国王说："嗯，那 $6 \times 7 + 3 = 45$，'和'就是 6，对吗？"

"恭喜，答对了！"字母 $a$、$b$、$c$、$d$ 异口同声地说。

根据这个规律，她们终于破出密码是 79365！粮食库门开了！

数学国国王赠送了一大批粮食给语文国，语文国国王被深深地感动了，并且被数学国有趣的计算深深吸引着，对数学国很多未知的东西充满好奇……

自那以后，语文国对数学国彬彬有礼，两个国家互通有无，两国人民幸福地生活在一个地球上。

[作者姓名：王润一　指导老师：王李莉]

　　这篇文章的小作者通过生动、形象的语言，让读者初步了解了数字、字母各自的特点，故事也由此展开；风、花、雪、月这四个汉字间谍的刺探，让整个故事变得更加新鲜、有趣；语文国国王想着靠战争一统世界，数学国国王却向对方抛出橄榄枝，两种截然不同的态度形成鲜明对比；随着语文国国王亲临数学国，故事情节就此发生巨变。小作者将数学题融于"粮食库"中，想象奇妙，详细具体、井然有序的解题过程推动了情节发展，丰富了故事内容，为后文两国交好作铺垫。整个故事的灵感源于生活又高于生活，真正做到了趣味与思考并存。

第三版块

数学启迪
感悟真

# 01

# "数学启迪感悟真"写作指点

欢迎来到"数学启迪感悟真"版块。数学使人精细,数学启迪思考,数学充满智慧。如何写好课堂上、生活中发生的,让你有深刻感悟、深受启迪的数学故事呢?我建议同学们从以下两个方面进行尝试。

## 一、感悟生活中的数学知识

人们常说"学好数理化,走遍天下都不怕",这里的"数"指的是数学知识。我们在课堂上会学到很多数学知识,有讲解计算技巧的、有描述数量单位的、有进行数据分析的……生活中,有些数学问题会披上一件件漂亮的外衣吸引着我们,如果我们结合已有知识经验去理解、去思考、去感悟,就能拨云见日,揭开秘密。

李佳凝同学的《卫生纸的二分之一?》记录了生活中一个很有意思的数学问题——卫生纸的二分之一是多少?作者通过对话、实验、思考,将问题指向圆的面积,最后得出结论:原以为用掉的一半其实是整卷纸的四分之三。这篇日记通过写身边的日常事,让我们真切感受到知识就藏在我们的日常生活中。如果我们在生活中遇到问题能主动思考、积极探究,这个过程就会成为一个很吸引人的故事,如果故事还联系了数学知识,那就是一篇很棒的数学日记。

"八亿元有多少?"说实话,很多人都无法准确描述。《八亿税款的思考》从明星偷逃八亿税款事件聊起,尝试了数张数、平铺、算体积等数学方法,从而将八亿元具体地呈现在我们面前,让我们真实地感受到"八亿元"是一个很大的数。这篇日记除了故事本身吸引我们,作者在文中所运用的数学知识更是让我们印象深刻——数学真有用,数学真有味。

数学日记联系生活，讲述生活中的数学故事。《卫生纸的二分之一？》《八亿税款的思考》《"意外"的罚款单》都是从生活事件中引出数学问题，以作者的所见、所思、所悟，清晰地描述整个问题的解决过程，让读者跟随作者一起体验、一起思考、一起感悟。你不妨先认真读一读，再来构思自己的作品。

## 二、感悟日常里的数学智慧

除了写生活中隐藏的数学知识，我们还可以写日常的数学智慧故事，如购物时遇到商品打折的思考、运用数学知识识破"江湖术士"骗局的乐事、游戏过程中发现的数字秘密、大自然中蕴藏的数学智慧等。

如《"满200送100"的秘密》《98元电话手表的诱惑》就以日常生活中常见的商品打折为主线，通过计算购物送100、98元购电话手表后面的账，告诉我们遇到商品打折要多个心眼，要仔细地算一算，说不定就会发现商家可能设置的陷阱；《"读心术"的秘密》带着我们分析了"读心术"背后的"倍数"知识，所谓"读心术"只不过是披着神秘外衣的数学知识罢了，如果我们仔细琢磨，肯定会少一些上当受骗；《掷一掷的奥秘》以数学课堂上掷骰子为题材，两个骰子点数和为"5、6、7、8、9"的虽然比点数和为"2、3、4、10、11、12"的少了一个数，但经过统计会发现，两个骰子前面一组和出现了24次，后面一组和只出现了12次，显然前一组的可能性更大；《天才数学家——蜜蜂》从日常看到的蜂巢展开思考——蜂巢为什么是正六边形的？小作者通过查找资料明白了正六边形设计所需材料最少，可用空间却最大，这些自然界的"居民"原来这么有智慧，真不愧是"天才的数学家"……读着这些充满智慧的数学故事，我们会有数学真奇妙、数学真有用的感叹，会长久地沉浸在这些充满智慧的数学故事里。

以上这些例子，相信同学们读完会有英雄所见略同的感叹。作者们所写的这些数学故事，我们课堂上可能也遇到过、经历过，他们所讲的这些生活智慧，我们可能也想到过、思考过，但我们还需要最重要的一步——写下来。生活处处有学问，生活处处有数学。如果同学们在生活中能多留心身边问题，遇事多分析思考，想清楚的问题能及时记录下来，我相信你一定会成为一个充满智慧的人。期待你的行动！

# 02

# 卫生纸的二分之一?

（适合高年级阅读）

晚上，我拿起卫生间的卫生纸准备擦手，"咦，这卫生纸怎么突然少了这么多，昨天好像还有一半呀？是谁又在浪费呀？"我嘟囔着跑到妈妈跟前去告状，心想：肯定又是弟弟拿去玩了，我一定要治治他的浪费毛病。

妈妈笑着说："你确定昨天还有一半吗？""当然确定呀，我记得清清楚楚的。"我斩钉截铁地说。

"我们来做个实验，把你昨天认为的一半划出来，然后跟剩下的一半来比一比。"妈妈说。

我马上拿来一卷没有用过的卫生纸开始了实验。首先我拿来尺子，在卫生纸圆形的一端找到一半的位置，并做上标记，接着我和妈妈合作将卫生纸上面的一半卷走，将卫生纸分成两部分，最后妈妈把分好的两卷纸放在一起比对。

"咦，这一半怎么会多这么多呀？剩下的那一半怎么只有这么一点点，我明明量了是一半呀？"看到结果，我不由得惊讶地叫起来，心想：明明是在圆的一半处分的，为什么会有这么大的差异呢？

"这是怎么回事呢？明明分的是一半呀？"我自言自语地说。

"这个问题应该可以用数学知识来计算，这卷卫生纸是一个圆柱形，当我们使用它时，它的高度是不变的，它的什么变化了？"妈妈拿了一卷新的卫生纸摆在我面前。

"高度即卫生纸的宽度，它的长度在减少，把长度卷起来对应的是圆柱体的底面积，它的底面积减少了。"

"那当我们用到你认为的一半时，是不是真的就是这卷卫生纸的一半呢?"妈妈问。

"妈妈，我明白了。当我们用了我认为的底面的一半时，这个圆的半径就缩小了一半，根据圆的面积计算方法，它的面积则缩小到原来的四分之一，不是原来面积的一半。这样，我们看上去的'一半'，其实只有原来的四分之一了，用掉的那'一半'其实是'四分之三'。"我茅塞顿开。

妈妈告诉我，生活中还有一些事物也是如此。例如肥皂，当我们认为肥皂已经用去一半时，其实这时它的长、宽、高都已经减到了原来的一半，体积已经减到了原来的八分之一了。

哇! 我又学到了新的知识，数学的世界可真奇妙!

[作者姓名：李佳凝　指导老师：张小梅]

[作品赏析]

卫生纸的二分之一是多少? 这个数学问题每天都出现在我们日常生活中。如果没有读这篇数学日记，我们可能也想当然地会认为是半径的一半，可实验结果却出乎我们的想象。为什么? 小作者运用数学知识——圆的面积进行了分析。她以在生活中发现了卫生纸的"异常"为问题，在妈妈的引导下通过动手操作发现了卫生纸二分之一的秘密，并通过面积的计算分析得出结论：看似二分之一其实只有原来的四分之一。由此还联想到生活中的肥皂，随着长、宽、高缩小到原来的一半，体积则缩小到原来的八分之一。

小作者用数学知识解决生活中的疑问，并用生活检验数学知识，将生活情境与数学知识有机结合，做到了学以致用。她真是一个善于思考、爱探究的孩子。

# 03

# 有限无限，促我成长

（适合高年级阅读）

我们常常与有限、无限打着交道。在有星星的夜晚，我时常会一颗星、两颗星地数着，可总也数不清，也不知道天上的星星到底有多少颗。在读"欲穷千里目，更上一层楼""孤帆远影碧空尽，唯见长江天际流"时，诗的意境给了我们无限的遐想。"有限"将事物展现在眼前，可观、可感、可估量；而"无限"则给予我们深刻的联想，其规律引导我们去畅想。

在我们的数学世界里也有着"有限"与"无限"的奇妙结合，他们宛如一对双胞胎，"无限"是哥哥，"有限"是弟弟，哥哥牵着弟弟的手一路前行。

在数的认识里，"有限"与"无限"首次相逢。从最初的十以内数的认识、百以内数的认识到千、万、亿的认识，一步步从有限的范围逐步扩大，让我们明白数的无穷，体会数的无限。

在学习中偶尔回头时，往往会不经意地发现"有限"与"无限"总在伴随着我们。在因数与倍数的学习中，我们知道了一个数的因数个数是有限的，而它的倍数个数却是无限的；分数化成小数时，有的可以化成有限小数，而有的只能化成无限循环小数；再如在积的变化规律中，一个因数不变，随着另一个因数的变化，积也会变化，这样的数的个数是无限的，但在某个范围内却是有限的。

当"有限"与"无限"重逢时，也常常迷惑着我们。例如这个判断题：大于 0.7 而小于 0.9 的小数只有一个，稍不留神我们可能就会给该题打上"√"，而事实上大于 0.7 小于 0.9 的一位小数确实只有一个 0.8，但 0.7 与 0.9 之间的小数却有无数个。

在空间与图形里，"有限"与"无限"也并肩而来。

图形的认识，由点到线，由线到面，又从面到体，从三角形到边数无限增加的多边形……这不就是由有限到无限的过程吗？

在我们刚刚学过的"圆"这一单元里，"有限"与"无限"体现得淋漓尽致。在圆面积公式的推导过程中，唐老师先让我们把准备好的小圆片平均分成四个完全相同的小扇形对拼。结果拼成的是一个类似于平行四边形的图形。接着唐老师用学具演示，把圆分成 16 等份，拼成一个近似于长方形的图形，继而用动画演示把圆分成 32、64、128……等份，并让我们感受平均分得的份数越多，拼成的图形越接近于长方形。这个过程中，我们看到的还是有限的份数拼成的，然后唐老师让我们闭上眼睛，想象由有限的等份数继续分下去，从而联想到无限的等份数去拼，结果会怎样？我们想象着拼成的图形真的就变成了长方形，因为边越来越直了，从而推导出圆面积的计算公式。这样得到的知识，我们深深地理解了，永远记住了。这种从"有限"到"无限"的推导和联想的作用可大了，古代数学家刘徽用"割圆术"来研究圆的周长、面积以及圆周率。他从圆内接正六边形开始，将边数逐次加倍，得到的圆内接正多边形就逐步逼近圆形，"割之弥细，所失弥少，割之又割，以至于不可割，则与圆合体，而无所失矣"。在这里一次又一次地展现着"有限"和"无限"的碰撞，为我们解决了很多的问题。

自从认识了"有限"与"无限"后，到处都可以见到这对可爱"兄弟"的影子，如中国古代的"一尺之棰，日取其半，万世不竭"；如线段是有限长的，射线、直线是无限长的；又如在角的分类中，以直角为界限，大于 0°而小于 90°的角叫锐角，大于 90°而小于 180°的角叫钝角，角的分类是有限的，但锐角和钝角的个数却是无限的……

在数学的世界里，"有限"与"无限"总是相互依存，款款而来，让我们欣喜、着迷，并引导着我们成长。让我们一起来体会"有限"与"无限"的魅力，共同携手，为将来学习和探索更高深的科学知识打好扎实的基础。

[作者姓名：曾紫韩　指导老师：唐瑞华]

[作品赏析]

数学是一门美妙的学科，包含了很多数学思想，有限与无限的思想就是其中的一种。小作者对数学学习的感悟极其深刻，让我们不禁眼前一亮。

紫韩同学善于思考，她通过生活中的数星星、对无际天边的遐想，联系到了数学里的有限与无限。然后她从数的认识到空间与图形的学习，一步步体会到了有限与无限思想的作用和对我们的启迪。她还特别列举了圆的面积公式推导过程，"分的份数越来越多，如果一直这样分下去，图形就真的变成了长方形"，带着我们经历从有限到无限的过程。正是因为有限与无限的并肩出场，为我们解决了很多的问题，使我们大开眼界。而这些，正是数学的魅力所在！

## 04

# 掷一掷的奥秘

（适合中、高年级阅读）

今天，吴老师满面春风地走上讲台，神秘地说："这节课，我们来玩一个游戏。我带来了两个骰子，你们知道一个骰子有几个面吗？一个骰子可以表示哪些数呢？"

这可难不倒我们：一个骰子有 6 个面，每个面都有 1 个不同的数，可以表示：1、2、3、4、5、6。

接下来，吴老师又说："如果老师同时将这两个骰子掷出，两个骰子朝上的那个面的两个数的和，可能是几？"同学们纷纷猜测：可能是 5，可能是 7，可能是 12……

我心想：$1+1=2$，最小为 2，不可能是 1；$6+6=12$，最大为 12。我站起来回答："两个骰子的点数和可能是 2～12。"老师试着掷了几次，果然如此。

接着，吴老师又说："没错，今天这节课我们就用这两个骰子来掷一掷，一共掷 20 次。如果掷到的两个点数的和是：5、6、7、8、9，算我赢。如果掷到的两个点数的和是：2、3、4、10、11、12，算你们赢。怎么样？"

老师只选了 5 个数，却留给我们 6 个数，我们赢的可能性比老师大。哈哈！我们赢定了！思考片刻，我们齐声回答："同意！"

吴老师说："好，既然如此，为了保证游戏的公平公正，请一位裁判来记录我们的输赢情况。"

我们争先恐后地举着手，顿时，教室里成了一片"小树林"。最终，黄智仪被幸运地选为裁判。激动人心的比赛开始了！

第一次掷了 2 和 3，和是 5，吴老师赢了，我安慰自己：老师虽首战告捷，但才赢一次，没关系。

第二次掷出了 3 和 4，和是 7，仍然是吴老师赢，我们还是不屑一顾：吴老师运气也太好了吧。

第三次掷出了 6 和 6，和是 12，我们兴奋地大叫："耶！太好了！我们赢了！"

第四次掷出了 6 和 3，和是 9，还是吴老师赢，我们只好自认倒霉。

第五次仍然是吴老师赢，我心想：吴老师也太厉害了吧，简直是常胜将军啊！……

结果 20 次中有 16 次都是吴老师赢，我们只赢了 4 次。我们像斗败的公鸡，个个唉声叹气，我懊恼地想：我们明明比吴老师的胜算要大，可为什么最终却是吴老师赢得多呢？这时，吴老师神气地说："这可不仅仅是运气问题，这里面还藏着数学秘密呢！请各小组研究一下，看看能有什么新的发现。"接下来老师让我们探讨：2、3、4、5、6、7、8、9、10、11、12 这些和，分别是由两个骰子掷出的哪些点数组成的？

最后，我们汇总了两个骰子点数和的所有情况：

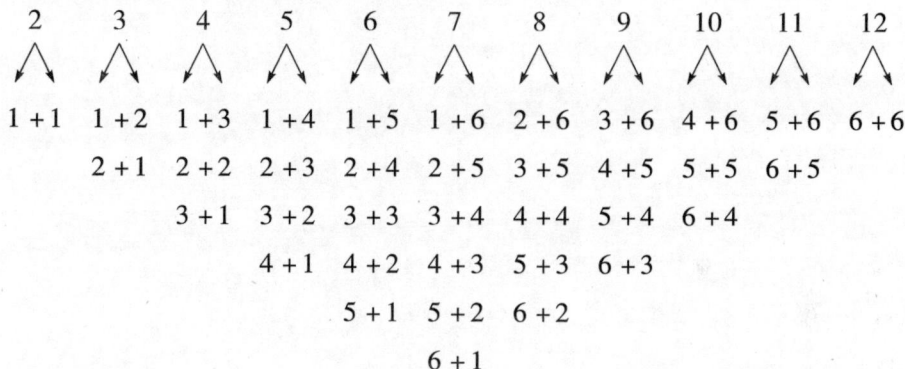

| 2 | 3 | 4 | 5 | 6 | 7 | 8 | 9 | 10 | 11 | 12 |
|---|---|---|---|---|---|---|---|----|----|----|
| $1+1$ | $1+2$ | $1+3$ | $1+4$ | $1+5$ | $1+6$ | $2+6$ | $3+6$ | $4+6$ | $5+6$ | $6+6$ |
| | $2+1$ | $2+2$ | $2+3$ | $2+4$ | $2+5$ | $3+5$ | $4+5$ | $5+5$ | $6+5$ | |
| | | $3+1$ | $3+2$ | $3+3$ | $3+4$ | $4+4$ | $5+4$ | $6+4$ | | |
| | | | $4+1$ | $4+2$ | $4+3$ | $5+3$ | $6+3$ | | | |
| | | | | $5+1$ | $5+2$ | $6+2$ | | | | |
| | | | | | $6+1$ | | | | | |

随后，我们进行了统计：

和是 5、6、7、8、9 出现的次数共有：$4+5+6+5+4=24$（次）。

和是 2、3、4、10、11、12 出现的次数共有：$1+2+3+3+2+1=12$（次）。

天哪！原来吴老师选的比我们选的可能性大多了！我们恍然大悟，原来我们都被吴老师坑啦，吴老师好"狡诈"啊！

看来，只要掌握了数学规律，就可以在神不知鬼不觉中战胜对方，真是神奇！

［作者姓名：何沐衡　指导老师：吴仲坤］

　　小作者生动地呈现了一节有趣的数学活动课，并揭示了游戏背后的数学奥秘。

　　文章开篇直切主题，引出骰子的特征，梳理和的 11 种情况，为下文的游戏作铺垫。比赛环节，师生对弈，心理活动描写细腻，恰到好处，"我们赢定了""才赢一次""运气太好""自认倒霉""仍是老师赢"，将同学们从"必胜无疑"的信心十足到"如斗败的公鸡"的垂头丧气，都描写得淋漓尽致，不禁让人疑惑：明明选择了 6 种和的情况，看似赢的可能性大，为什么偏偏输了？接着，小作者笔锋一转，从紧张刺激的比赛描写，回归到思索游戏背后蕴含的数学知识。通过列举、统计，揭示出输的必然性。文章于游戏中启迪思维、感悟真知、引人入胜。

## 05

# "满 200 送 100"的秘密

(适合高年级阅读)

今天风和日丽，吃过早饭，妈妈带着我来到了浏阳通程商业广场。

一走进商场，柜台上琳琅满目的商品让我眼花缭乱。妈妈拉着我直奔三楼的"儿童用品"专柜。

来到三楼，每个柜台前都挂着"满 200 送 100"的促销牌。"满 200 送 100"难道是原价 200 元钱的商品只要 100 元吗？$100 \div 200 = 0.5$，那就是打五折咯？我连忙跟妈妈说："妈妈，商品打五折很划算，我们多买一点。"妈妈笑了笑，跟我解释："表面上看是打五折，其实并不是所有的商品都打五折。"我很奇怪，这明明就是五折呀！妈妈耐心地说："你看，如果你买了 200 元的商品后，商场送你一张 100 元的现金礼券，你买其他商品时可以用它去抵 100 元现金，这时你第一次买的商品就是五折。如果你不再去买其他的商品时，你的现金礼券就没用了，那你第一次买的商品就是原价了。""哦，是这样啊！"我好像弄明白了。可我还是很困惑，"妈妈，如果我们每个顾客都买两件商品，那老板不是很不划算？"妈妈耐心地说："也不能这么说。虽然商场这样打折从表面上看是有点不划算，但这是商场的一种促销手段。你看，本来你只想买一件东西或只是路过，看见这样的促销活动你就会心动，就会去挑合适的商品，这样商品的销量就提高了，走，我们也去买点。"

妈妈带着我来到"巴拉巴拉"专柜前，我挑了一件价格是 240 元的衣服，妈妈去柜台前付了钱，收银的阿姨送给妈妈一张 100 元的礼券。妈妈说："现在，我们再去买条裤子，把这张 100 元的礼券用完，你算算你这件衣服打几折。"我细心一算，$240 - 100 = 140$(元)，$140 \div 240 \approx 0.583$，大约是五八折。"算得很正确。"妈妈笑着说，"如果你的衣服原价是 300 元、380 元或者 400 元，它的折扣又各是多少?"这次我索性坐在柜台前的凳子上,慢慢算。原价是 300 元的, $300-100=200(元)$ , $200\div300\approx0.667$ ,大约是六七折。原价是 380 元的, $380-100=280(元)$ 。 $280\div380\approx0.737$ ,大约是七四折。满 200 送 100,满 400 就送 200,原价是 400 元的花 200 元就可以买到, $200\div400=0.5$ ,就是五折。我明白了,如果买的商品恰好是 200 元,或是 200 的倍数就是五折,折扣力度最大。如果买的商品在 200 元到 400 元之间,那么价格越高它的折扣力度就越小。

这真是不算不知道,一算才发现原来这个"满 200 送 100"的活动中还有这么多秘密。数学知识的用处真大!以后我一定要认真学习,探究更多的数学奥秘。

[作者姓名:罗睿嫣    指导老师:李望姣]

### [作品赏析]

小作者从身边的小事入手,把数学与生活联系起来,通过记叙生活中的小事给我们以启迪、思考。

她通过逛商场时看到"满 200 送 100"的促销牌而引发了自己的思考:"满 200 送 100"难道是原价 200 元钱的商品只要 100 元吗?那商品就是打五折吗?后来在妈妈的解释下,并通过自己亲身实践买衣服和裤子,然后再经过计算分析,从中发现打折背后的秘密,从而激发自己学习数学的热情。希望我们每位小朋友都像小作者一样做个有心人,遇到数字多个心眼、多点思考,在生活中学数学、用数学!

## 06

# 关于建筑垃圾的一笔账

（适合中、高年级阅读）

吃过晚饭，我和妈妈一起在院子里散步，这可是我一天之中最为开心的时段。我们聊着开心的话题，欣赏着秋日黄昏的美景，迎面吹来的晚风夹杂着还未散去的阳光味道，柔柔地轻抚着我的面庞，健身区一旁的银杏树也飘洒着几面黄色小扇子迎接着我们。

拐弯处，易爷爷家整修的房子已焕然一新。他家门前停着一辆小铲车，正一斗一斗地把砖石和水泥块装上车。我好奇地问妈妈："这些东西要运到哪去？"妈妈告诉我这些是建筑垃圾，它们和生活垃圾不同。"那建筑垃圾怎么处理呢？"我问。妈妈也回答不上来，于是我们用手机进行搜索。当看到答案时，我震惊了！据环保专家分析，各种建筑垃圾分解时间如下：石膏需 2 年时间，水泥和混凝土需 100～200 年，粘土砖需 500 年，塑料如深埋地下需 500～2000 年！这是一组多么惊人的数据，要经过几百上千年地球才能把人类制造的建筑垃圾"消化掉"，我不禁有些担忧地球妈妈的负担了。

为了弄清楚这个问题，回到家后我继续在网上查找资料。一份资料显示：每万平方米建筑的施工过程中，会产生建筑垃圾 500～600 吨；每万平方米拆除的旧建筑将产生 7000～12000 吨建筑垃圾！而另一份资料介绍道：中国每年新建和在建的项目超过 30 亿平方米！中国建筑科学研究院 2014 年发布的一份报告则显示：中国每年过早拆除的建筑面积就达 4.6 亿平方米。根据这些数据，我算了一笔建筑垃圾的账：

中国每年新建建筑面积：30 亿平方米 = 300000 万平方米

每万平方米新建建筑产生垃圾取平均值：$(500 + 600) \div 2 = 550$（吨）

中国每年新建建筑产生建筑垃圾：$300000 \times 550 = 165000000$（吨）$= 1.65$（亿吨）

中国每年过早拆除建筑面积：4.6亿平方米=46000万平方米

每万平方米拆除建筑产生垃圾取平均值：$(7000+12000)\div2=9500$（吨）

中国每年过早拆除的建筑产生的建筑垃圾：$46000\times9500=437000000$（吨）$=4.37$亿吨

中国每年产生的建筑垃圾：$1.65+4.37=6.02$（亿吨）

哇，好惊人的数据！按这样推算，中国每年会产生6.02亿吨的建筑垃圾，如果这些建筑垃圾不能加以利用而直接掩埋的话，不仅浪费土地，更严重的是将需要几百年、上千年才能分解完。照这样下去，地球妈妈将不堪重负！

为此，我又查询了建筑垃圾是否有再生利用途径。资料显示，目前的再生处理方式有回填、粉碎后代砂、代替混凝土制作材料中的粗骨料，粉碎后制作砖块等方法。虽然建筑垃圾回收处理的速度跟不上建筑垃圾产生的速度，但人们已经意识到了这个严重的环保问题，已在不断地探寻解决之路。

真是不算不知道，一算吓一跳，今天晚上的这个小小好奇心引发的探寻，让我深深意识到人类不能只为了眼前利益而不顾今后的发展。地球妈妈孕育了人类，这个地球是大家的，我们每个人都要为明天、为人类的未来多一份思考，多一点行动！

[作者姓名：李知颖  指导老师：杨静]

[作品赏析]

小作者从"易爷爷家整修房子产生的建筑垃圾"这一生活中极其平常的小事作为切入点，通过查资料以及自己的推算发现"小事不小"，它极有可能成为影响我们生活的一件大事。她不仅发现了这个困扰地球妈妈的问题，还发现人们已经有意识地对建筑垃圾进行再生处理，这说明不仅是她，还有千千万万和她一样为环保问题忧心的人正在努力解决这类问题。但即便如此，建筑垃圾回收处理的速度还是远远跟不上建筑垃圾产生的速度，这一点又引起了她深深的担忧，因此她倡议所有人行动起来，为了地球美好的明天共同努力！小作者联系生活实际，对环境问题的思考让人感动，更引人深思！

# 07

# 98 元电话手表的诱惑

（适合中、高年级阅读）

　　妈妈下班刚进门，我就兴冲冲地对她说："妈妈，同学告诉我天虹商场有98 元的小天才手表卖！我想要一个！"妈妈不太相信："这么便宜？"于是吃完晚饭后，妈妈带着我来到了天虹商场。

　　天虹商场非常气派，我们在一楼的左边找到了小天才手表的专柜。专柜的玻璃台上有一个醒目的促销牌，妈妈看了一下笑着说："原来是这么回事啊！"我看了半天没看懂，不禁纳闷地问妈妈："咦，这上面写了有98 元购的字哦，难道不是这样吗？"妈妈走到我身边指着促销牌说："你看，小天才手表只拿了Z2 做促销，活动一：原价998 元，交移动话费每月129 元套餐，只要98 元即可购买一个手表；活动二：原价998 元，交移动话费每月99 元套餐，只要278 元即可购买一个手表。如果你的话费每月需要129 元的套餐，那确实很划算。但妈妈因为办公室有电话，所以我每月58 元话费就已足够，你算算，如果你想买98 元的电话手表，妈妈每月需要多出多少钱？"我用129 元减去58 元后，回答："多出71 元！""对，那这71 元交一年是多少钱？"妈妈问。我用71 元乘以12 个月得到852 元。突然，我好像明白了什么，接着说："那妈妈每一年会多交话费852 元，实际妈妈用不了那么多话费，每年多出的钱都可以买一个电话手表了，妈妈您说对吗？"妈妈笑着对我点点头。我又推算了一下活动二的费用，按妈妈58 元话费来算，每月要多交41 元，一年多交492 元，再加购买的实际费用278 元，需要770 元，这样算来，活动二也并不划算。我终于明白商家的意图了，98 元电话手表其实并不便宜，难怪有人说卖家总比买家精。

　　今晚我差点儿掉入商家的数字陷阱了，看来学好数学并恰当运用还真是门学问！

[作者姓名：刘欣语　指导老师：林　萍]

　　这篇文章的选材非常有意思。商家促销是我们日常生活中常见的现象，小天才电话手表在学生中非常受欢迎，不过价格偏高，平日里小作者应该关注到了这款手表，当听到只要98元时就兴冲冲地想买。在商场柜台前，小作者在妈妈的引导下明白了98元电话手表的秘密：这是移动公司为了话费促销而采取的一种营销手段。作者在算清促销价格背后实际要付的金额后，自然就揭开了98元电话手表背后隐藏的秘密。读了小作者与妈妈的对话，读者以后遇到这种促销也会多留个心眼，思考一下购买是否合算，这样生活中就能多一些理性消费了。

# 08

# 八亿税款的思考

（适合高年级阅读）

前段时间，听大人们都在议论范××的事情。范××不就是《还珠格格》里面的金锁吗？我可喜欢她了！"爸爸，范××她怎么啦？"我迫不及待地问。爸爸告诉我，她因为逃国家税款被审查，要补缴税金和罚款八亿元。八亿！我的妈呀！这到底是多少呢？对于我来说，这简直就是一个天文数字。于是，我更想弄清楚，八亿元到底有多少。

我想：如果是 100 元一张，那八亿元该有多少张呢？$800000000 \div 100 = 8000000$（张）。800 万张，可我还是想象不到它是多少。妈妈告诉我，可以先算一下 800 万张百元大钞平铺的面积。对呀！要想知道 800 万张百元大钞平铺的面积，就得先算出一张百元大钞的面积。于是，我找来一把尺子，量出它的长大约是 155 毫米，宽大约是 77 毫米。它的面积就是 $155 \times 77 = 11935$（平方毫米）$= 0.011935$（平方米）$\approx 0.012$（平方米）。那 800 万张的面积就是 $8000000 \times 0.012 = 96000$（平方米）。我用尺子量了一下我们家的餐桌，长是 1.6 米，宽是 0.9 米，餐桌面积是 $1.6 \times 0.9 = 1.44$（平方米）。如果用百元大钞把我家的餐桌铺满，要 $1.44 \div 0.012 = 120$（张）。那八亿元可以铺多少张这样的餐桌呢？$8000000 \div 120 \approx 66667$（张）。我们的教室地面面积大约是 60 平方米，如果把八亿元铺满我们的教室地面就可以铺 $96000 \div 60 = 1600$（间）。

看了上面的数字，我对八亿元人民币大概有所了解了，我们的明星竟然逃这么多税，真是触目惊心啊！

妈妈又说："宝贝，你算一算，如果用我们的行李箱来装这八亿元，要装多少箱呢？"一张百元大钞的体积等于长乘宽乘高，等于 $155 \times 77 \times 0.1 = 1193.5$（立方毫米）$= 0.0000011935$（立方米），800 万张的体积就是 $8000000 \times 0.0000011935 =$

9.548(立方米)≈9.55(立方米)。经测量，我家的行李箱长 79 厘米，宽 49 厘米，高 28 厘米，它的体积是 79×49×28＝108388(立方厘米)＝0.108388(立方米)≈0.11(立方米)。那八亿元要装 9.55÷0.11≈87(箱)。

算了老半天，我终于知道了八亿元百元大钞，能铺满 1600 间我们教室的地面，要用 87 个行李箱才能装完。对八亿元这一天文数字有了较为全面的认识之后，"金锁"这个人物我就喜欢不起来了。我想：如果拿这八亿元去建希望小学，不知道可以建多少所？如果拿这八亿元去资助贫困学生，不知道可以帮助多少人实现他们的人生梦想？通过范××逃税事件，我知道了我们都要遵纪守法，不偷税逃税，做一个好公民。

[作者姓名：宋依黎　指导老师：彭纯芳]

[作品赏析]

"八亿元"到底有多少，对于一个小学生来说感知确实有困难，只知道是很大一个数字，但通过用这些钞票能铺满多少间地面面积为 60 平方米的教室、塞满多少个行李箱的具体计算，"八亿元"这个数字就变得很直观、很具体了。

小作者是一个关心生活、学习认真、善于分析、关注法律的孩子。她能从八亿元 100 元大钞所具有的面积、体积中体会到其数学特征，并进行数据分析、计算，得出"触目惊心"的结论，总结出意味深长的哲理。文章真实感、可读性、趣味性强，且前后呼应，语言朴实流畅，读后能让人从中受到教育。

## 09

# "意外"的罚款单

（适合中、高年级阅读）

今天，叔叔一脸郁闷地来到我家。我疑惑地问："叔叔，你怎么啦?"叔叔把眉头皱成了一个"八"字，说："你看，我超速了，扣了 3 分，还要罚款 200 元。"然后"啪"的一声把一张罚款单拍在桌子上，"我明明没有超速，奥珂，那天你也看到了，每次经过摄像头的时候，我都把车速降低到了 70 km/h，而限速是 80 km/h，怎么会罚款呢?"

我听了之后也懵了，是啊！怎么回事呢? 当时我也在场啊！

我记得那天是奶奶的生日，因为我要上课外培训班，爸爸安排叔叔来接我回乡下去给奶奶庆祝生日。眼看快 11：00 了，为了不让奶奶久等，叔叔选择了走 319 国道回家，这样可以早点到家。

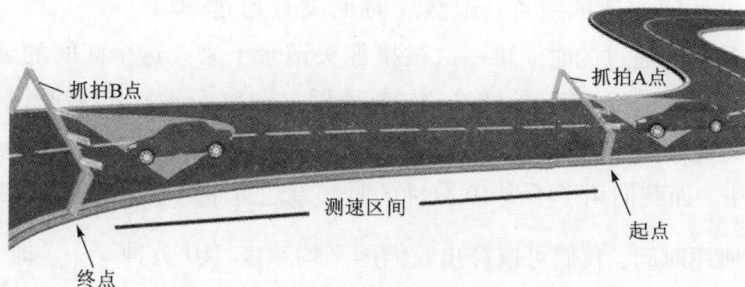

**区间测速示意图**

刚离开市区，只见车速表的指针一下子窜到了 100 km/h，一路上我们就这样赶路。刚出隧道不久,前方出现一个画着摄像头标志的蓝色牌子,上面写着"前方区间测速,长度20 km",下面还有一个大大的"80"。叔叔好像注意到了这个信息,车速从100 km/h一下子降到了70 km/h。

不一会儿工夫,我们前方出现了一块区间测速起点的标识牌,好多个摄像头像鸟儿一样排成一排,站在横跨国道的横梁上,甚是壮观。

过完测速点,叔叔长长地舒了一口气,随即又"努力"地让汽车重新飞驰在路上。不一会儿,前方又出现了一块写着"区间测速终点"的指示牌。叔叔马上降低速度,车速再一次降到了70 km/h。我一抬头,又有一排"鸟儿"从头上飞过。

还没到12:00,我们就到了奶奶家。奶奶脸上洋溢着幸福的笑容,好多人来给她祝福生日,真热闹!饭桌上,叔叔得意地对我说:"今天要不是我高超的驾驶技术,我们就赶不上午餐咯。在319国道上,那两排摄像头都被我轻松地避开了。"我也佩服地说:"是啊!要不然我们就吃不上美味佳肴了。"

想到这,我突然想到了一个重要的问题:"为什么要在起点和终点都装摄像头呢?装在一个地方不就可以了吗?"一瞬间,我的脑海中闪现出了"平均速度"这个概念:总路程÷总时间=平均速度,路上区间测速的标识牌应该是用来测算平均速度的!

在爸爸的指导下,我又仔细琢磨了一会儿,终于想明白了超速的原因。首先,我们通过区间测速的起点时,虽然车速没有超过80 km/h,但是通过的时间被摄像头记录下来了,然后我们加速前进用了大概不到10分钟的时间到达了区间测速的终点,虽然此时也没有超过80

km/h,但是我们通过的时间再一次被摄像头记录下来。这个区间的全程是20 km,限速是80 km/h。用$20÷80=0.25$(小时)$=15$(分钟),也就是说,通过这个区间最短时间是15分钟,如果通过时间小于15分钟,那么平均速度就超过了80 km/h。而我们用了不到10分钟的时间就通过了这个区间,所以我们超速了。根据所用时间,我们可以算出我们的平均速度,10分钟$=\frac{1}{6}$小时,$20÷\frac{1}{6}$ $=120$(km/h)。叔叔听完我的这番解释后,恍然大悟:"原来是这样啊!区间测速标识牌原来是用来测平均车速的。"说完,朝我竖起了大拇指。

我暗自高兴起来,这次我用数学知识为叔叔解答了疑惑呢!其实生活中处

处都有数学，我要更加努力地学好文化知识，将来可以去解决更多生活中的问题！

## [作品赏析]

　　区间测速对于大多数驾驶员来说都很熟悉，它是在同一路段上布设两个相邻的监控点，基于车辆通过前后两个监控点的时间来计算车辆在该路段上的平均行驶速度。但是，不是每一个驾驶员都明白这其中的道理。

　　叔叔开车经过区间测速路段，收到罚款单却认为没有超速。小作者通过思考，再运用课堂上所学到的"总路程÷总时间＝平均速度"这个数学知识为叔叔解答了疑惑。从开始的不解，到后来的主动思考，最后运用学过的数学知识为叔叔解决了心中的疑惑，这是一个很值得肯定的解决问题的过程。小作者不仅是个有心人，而且是一个有智慧的研究者。把数学知识运用到生活中，解决生活中的数学问题，这就是我们学习数学最根本的目的。

# 10

## "读心术"的秘密

(适合中、高年级阅读)

一个暑假的晚上，天热得要命，我和爸爸到超市去买冰激凌。快到超市的时候，突然听见一阵吆喝："读心术！读心术！走过的朋友，路过的朋友，快来体验一下吉普赛人神奇的读心术，读不准不要钱哦！"

只见超市对面的空地上摆了一个大场子，一个身着魔术师服饰的男子身边围着一大群人，他正招呼着路人："读准一个心，只要 5 元。读不准，倒赔 50 元。"我很好奇，费了九牛二虎之力终于挤到人群前面。原来魔术师身后有一块很大的图板，上面有许多两位数，每个数字下面有各种各样的图案，有五角星、爱心、月亮、三角形等。魔术师说："每个人心中都想着一个两位数，不用告诉任何人，记在心里，我等下就能读出你想的是什么数！"我想：这不可能吧！我便把攒着买冰激凌的 5 元钱给了那个魔术师，心里想着要是他没读出我的数，那我就能赚到买 10 个冰激凌的钱啦！

我在心里默默地想了想自己的生日，11 月 7 日，加起来是 18，就 18 吧，我看他怎么读懂我的心。魔术师接着说："小妹妹，你会算加减法吧？现在，请把你想的数字十位与个位相加，再把你想的那个数减去刚才算出来的和，最后请到我的图板上找到你的结果，把对应的图案记在心里。一会儿我会施展神奇的读心术，就能找到你选的那个图案哦！"我在心里默默地算了一下，18 的个位与十位之和是 9，那么 18 减去 9，等于 9。我再看了看魔术师的那个图案字板，9 的下面是一个五角星。我想：他不可能知道我找到的是五角星吧！我的 50 元马上就要到手咯！嘿嘿……

正在我美滋滋地想着我该怎么花那笔"巨款"的时候，魔术师挥舞着肥嘟嘟的双手，口里念叨着一些奇怪的音符，突然一声大喊："天灵灵，地灵灵，快把你的想法告诉我。小妹妹，你选的图形是——五、角、星！"

"Oh，no！我的50元！啊！"我惊呆了，看着他那得意的笑容，我欲哭无泪，只能自认倒霉，唉，只能回家去喝凉水去了！

回到家中，我百思不得其解。到底他是怎么猜到我想的图形呢？这其中一定有蹊跷。于是我拿出草稿纸，随便想了一个数25，按照魔术师的算法，2＋5＝7，25－7＝18，最后得到的结果是18，我又想了另一个数47，得到的结果是36……我一连算了六个，结果分别是：18，36，27，63，9，81。看着这些数，我突然眼前一亮：这些数都是9的倍数！那是不是所有的两位数减去个位与十位的和后，结果都是9的倍数呢？我又写出了一些两位数，发现他们算出来结果都是9的倍数。原来那个"魔术师"把9的倍数下面都设置成了五角星，任何人无论心里想的是哪个两位数，通过他规定的运算最后都只能选五角星！我终于破解了"读心术"的秘密。

这个大骗子！什么"读心术"，都是骗人的把戏！

[作者姓名：冯子丹　指导老师：李敏]

## [作品赏析]

小作者记录的是一段亲身经历的数学生活故事，文章语言生动，脉络清晰，层次分明，富有儿童情趣，数学推理严谨细致，将小作者那种善于发现、勇于探索的良好品质表现得淋漓尽致。

小作者从广场上偶遇的"读心术"切入主题，她"费了九牛二虎之力挤到人群前面"，充分表现了孩子们对新鲜事物的好奇。上当受骗后，却又很不甘心，回家通过仔细分析与研究，终于发现了"魔术师"巧妙利用数学知识行骗，这才恍然大悟。文中大量运用心理描写，使人读后感同身受。

# 11

# 羽毛球里的数学

（适合高年级阅读）

吃完早饭后，妹妹想打羽毛球，可家里只有羽毛球拍，于是，爸爸、我和妹妹一起去买羽毛球。来到商店里，售货员阿姨说："羽毛球 3 元一个，一筒 10 个，售价 25 元。"我们觉得买一筒比较便宜，就买了一筒。

回到家，爸爸拆开包装圆筒，拿出一个羽毛球递给我。接过羽毛球时，我注意到了羽毛球的高度和圆筒的高度对比，心想：这个筒子是怎么装下这 10 个羽毛球的呢？我把自己的疑惑告诉了爸爸。爸爸将 10 个羽毛球拿出来叠在一起，然后让我分别量出圆筒和羽毛球的高度。我拿尺子量了量，发现圆筒高约 37 厘米。我又量了量羽毛球，发现每个羽毛球高约 9 厘米，球的实心泡沫底座高约 2 厘米 5 毫米。接着，我将 10 个羽毛球叠起来，准备量 10 个羽毛球叠在一起的高度。爸爸看着我认真摆弄的样子，说道："女儿，不用尺子量，你能计

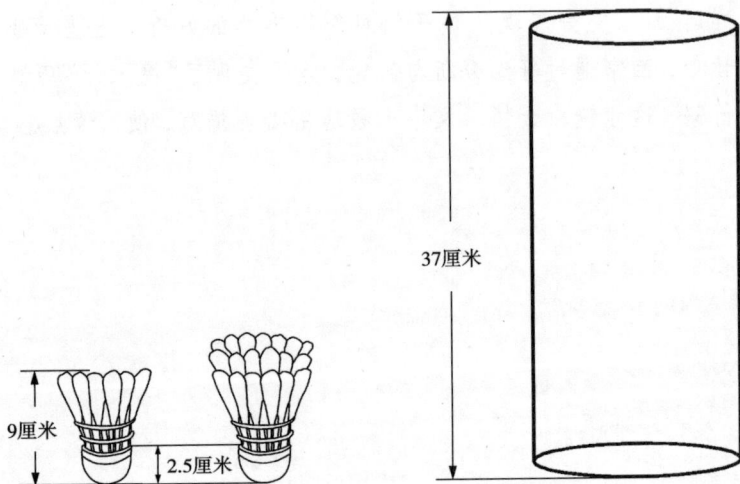

37厘米

9厘米

2.5厘米

算出 10 个球叠在一起的高度吗?"我想了想，每增加一个羽毛球，高度就增加一个实心泡沫底座，即增加了 2 厘米 5 毫米，那么 10 个羽毛球叠在一起的高度就是 $9 + 2.5 \times 9 = 31.5$（厘米）。37 厘米高的圆筒自然能够放下叠在一起的 10 个羽毛球了。爸爸听了我的解答，朝我竖起了大拇指。

通过今天这件事，我再次理解了数学老师告诉我们的一句话：生活中处处有数学，只要你留心观察，就能从生活中学到数学知识。以后我一定要做个善于观察、爱动脑筋的数学达人，去探索更多数学王国里的秘密！

[作者姓名：尹梓垚　指导老师：李新兰]

[作品赏析]

小作者与家人买羽毛球时，惊奇地发现小小的圆筒里竟然装有 10 个羽毛球，于是带着疑问和爸爸交流，然后通过自己细心的观察、仔细的计算，发现了其中的奥妙。由此可见，小作者是一个观察细致、富于联想、勇于探索、敢于实践的数学达人。

# 12

# 天才数学家——蜜蜂

### （适合高年级阅读）

一个阳光明媚的星期天，我和爸爸去爷爷家玩。一进门，我们就看到爷爷正在割蜂蜜，我发现割出来的蜂窝是由一个个小房间——蜂房排列而成的，而且每个蜂房都是正六边形的。我感到很奇怪，便问爸爸："爸爸，为什么蜜蜂的窝都是由正六边形组成的呢？难道不可以是圆形、正方形、三角形吗？"爸爸回答道："如果它们都是圆形的话，蜂房与蜂房之间就会留有一个个小空隙，不信你通过实验试一试。"

我想起来了，数学课上我们学过密铺知识，于是我找来了一个盒子和一些同样大的圆筒，将圆筒竖放到盒子里，我发现果然留有空隙。然后，我用纸分别剪了一些大小相同的正三角形、正方形和正六边形，把它们铺在硬纸板上，我发现这些图形都能密铺，不会留空隙。

在爸爸的指导下，我又找来三根 30 厘米长的绳子，用它们分别围成正三角形、正方形和正六边形。经过测量并计算，我发现正三角形、正方形、正六边形的面积大约分别是 43 平方厘米、56 平方厘米、65 平方厘米。也就是说周长相等时，所围成的图形中，正六边形的面积最大。

经过研究，我发现蜂巢如果呈圆形，就会有空隙，如果呈三角形或正方形，面积就会减小。爸爸说，蜂巢建成正六边形，不但结构稳固，而且所需材料最少，可利用的空间最大。

我又仔细观察了蜂巢，发现蜂巢的构造非常精巧，由很多个大小相同的正六边形的房间组成，房间与房间之间隔一堵蜡制的墙。可奇怪的是房间的底是尖的！这是怎么回事？难道这里面也有秘密！于是我到网上查询，资料显示：蜜蜂的房间隔墙是由三个完全相同的菱形组成的，有人测量过菱形组成空间的夹角，发现两个钝角都是110°，而两个锐角都是70°。世界上所有的蜂巢都是按照这个统一的角度和模式建造的！怪不得人们把蜜蜂称为天才数学家呢！

[作者姓名：李国兴　指导老师：李竹吾]

[作品赏析]

　　小作家在爷爷家发现了蜂巢是由正六边形组成的，于是他提出问题：为什么蜂巢要建成这种形状呢？首先，如果它们都是圆形的话，蜂房之间会留有小空隙。接着，他又将正三角形、正方形和正六边形进行比较，发现在周长相等的情况下，正六边形的面积最大。所以蜜蜂选择正六边形做蜂窝，使每个蜂窝紧密有序地组装在一起，这样不仅结构稳固，节省材料，还满足实际需要。作者真是个留心观察、爱动脑筋的孩子。

# 13

# 4 − 1 = ?

（适合中、高年级阅读）

今天的数学课上发生了一件有趣的事，一上课，老师就在黑板上写了一道题："4 − 1 = ?"老师还没来得及说话，同学们就叽叽喳喳说个不停。我心想："这不是一道幼儿园小朋友就知道做的题目吗？老师为什么会问我们这么简单的问题呢？这节课肯定不简单！"于是，有趣的数学课开始了。

老师不动声色地拿起三角尺在黑板上画了图1，接着又在图1上画了一条直线，说道："你们能看懂我要表达的意思吗？"同学们都摇了摇头，老师接着问，"这个长方形有几个角？"

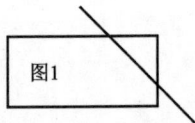

图1

我们异口同声地说："长方形有 4 个角！"这太简单了，我们早就知道了。老师微微一笑，接着说："我现在用一条直线去掉 1 个角，那还有几个角呢？""哇，真不敢相信，居然还剩 5 个角！"这是我们没有想到的结果，同学们叽叽喳喳地议论开了。老师又笑着问我们："这是为什么，怎么去掉 1 个角后，角的个数还变多了呢？谁愿意来分享一下自己的想法？"教室里顿时鸦雀无声，有几个同学把手举起又偷偷放下，我也是想说又不敢说，大家都在期待老师为我们解答。可老师偏偏不这么做，竟然还抛给我们一个新问题："如何用一条直线去掉一部分，使原来的长方形变成有 3 个角或 4 个角的图形呢？"

老师的问题激引起了我们的兴趣，最终我们在合作学习中一一解决了这些问题，还画出了一些不一样的图形（图2、图3）。

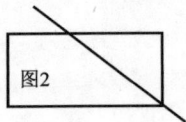

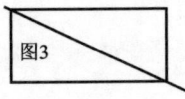

图2　图3

"丁零零，丁零零——"下课铃声响了，我和我的小伙伴们还沉浸在这些图形里，这真是有趣的一节课。原来数学可以这样好玩，看来在以后的学习中，我要做一名善于观察、勤于思考的学生，用我们的数学眼光去发现生活中更多有趣的事！

[作者姓名：周智涛　指导老师：刘思婷]

[教师点评]

一开头，小作者就写道："今天的数学课上发生了一件有趣的事。"那数学课上到底发生了什么有趣的事呢？原来，一上课老师就出了一个简单的数学题，考了一道掰手指头都能知道的题目"$4-1=?$"我想，这节课肯定没那么简单。就这样，爱思考的小作者和小伙伴们一起走进了"知识海洋"，并在交流、分享中收获体验，启迪智慧。

# 14

# 存款单里的奥秘

## （适合中、高年级阅读）

这学期我们学了"大数的认识"。在读数之前，我们都会先将数分级，这样就可以快速而准确地将一个较大的数读出来。我们掌握的分级的方法就是从右边起每四位数为一级，如 1,0000,0000。

可是今天我在妈妈的存款单上发现了一个很奇怪的现象——上面显示的是 5,000 元。为什么存款单上面显示的数是三位分级呢？会不会是万以下的数就这样表示呢？妈妈告诉我，在存款单里，万以上的数也是用的三位分级法。比如 10,000；1,000,000。这时我的脑海里就有一个疑问：四位分级在我们读数时这么方便，为什么还要把数三位分级呢？它有什么便利呢？这时我想起做过的一道练习：1000000 平方米 = （    ）平方千米，我用三位分级的方法试了一下，1,000,000 平方米 = (1) 平方千米。哇，答案飞快地出来了。那么像这样的情况还有吗？1,000 克 = 1 千克也可以，因为它的进率是 1000。

看来这样分级也有便利的地方，只是这适合极个别的情况，而且读起数来还是很不方便，于是我去问老师，老师建议我自己去寻找答案。通过查阅资料，我才知道：原来在英语里没有"万"这个计数单位，千以上常用的计数单位有千、百万、十亿；因为相邻计数单位都是相隔三位，所以用的才是三位分级法。由于使用广泛，所以成了各国的标准。这时我才恍然大悟。

简单的分级读数里，原来还隐藏着这么大的奥秘。

[作者姓名：李青琳　指导老师：文建华]

[教师点评]

多么善于观察的孩子，多么具有数学眼光的孩子！她主动观察、主动思考、主动发现——从我们往往都忽略的存款单里的数字分级中发现蕴含的数学知识。对于这个问题的探究，源于学生的本性——好奇，更源于数学自身的价值。在寻找答案的过程中，她不仅了解了分级的方法，更重要的是她真正体会到：数学是有用的，数学是有趣的。她掌握的不仅是冷冰冰的三位分级方法，更能体会到分级方法与我们的文化都有深刻联系。小小的"，"变得特别美丽，因为它闪耀着学生思维的光芒。"趣"源于"惑"被解，当学生带着数学的眼光去感悟生活、思考问题，并从中有所收获时，才能真正做到自我激发学习兴趣，启迪数学智慧。

## 15

# 巧测距离

（适合中、高年级阅读）

星期天的下午，爸爸带着我到公园的大树下玩跳格子游戏。玩着玩着，爸爸突然对我说："子路，考你一个问题，不借助测量工具你能知道这两棵树之间的距离大概有多少米吗？"

"不用工具？老爸这不是在玩我吧？"我在心里嘀咕了一下。看着我犹豫的样子，爸爸提醒我："想一想可不可以用你们数学课上学的知识去解决？"我在心里慢慢地把以前学过的相关知识过滤了一遍，"有了！"我们数学老师在教长度单位"米"时说过，我们的双臂张开大约就是一米。我可以用我的双臂来测量，爸爸笑着点点头。于是，我左手摸着树干，要爸爸站在我右手的位置作记号。然后再数有几个两臂长，估算出大约有几米。嘿嘿！在爸爸的帮助下，我终于量出这两棵树之间的距离大约是 3 米。我太高兴啦！

可还没等我高兴完，爸爸又问我："还有别的方法吗？"我皱着眉头想了一下，还真没想到什么好方法，"怎么，想不出来？"爸爸笑着问我。"谁说我想不出来？我是谁！我是机灵的小猴子，难道我要就此认输？不行！"于是我又开动了我的小马达，心想："难道我就白长个子，不长智力？等等——个子！"我终于想出来啦！我的身高是 1 米 35 厘米，只要我躺在地上，地上有几个我的身高，就是几个 1.35 米，这样不就测量出来了吗？正当我准备躺下时，突然看见了地上的方砖，立刻起身说："不对，这方法不好，会弄脏我的新衣服，我还有更好的方法。""一块砖的长度大约是 4 分米，地上的砖一共是 7 块半，所以就是 $4 \times 7 + 2 = 30$（分米），也就是大约 3 米。"爸爸用赞许的目光望着我。

用两种方法测量树的距离大约都是 3 米，我非常得意，因为我不需要测量工具就可以测出长度，我觉得我应该还能找出其他的方法……

[作者姓名：周子路　指导老师：吴建平]

　　小作者善于思考、乐于钻研。他从生活中发现数学问题，利用数学课上学过的长度单位"米"的概念，找到了利用双臂、数方砖等方法巧妙测出两棵树之间的距离，能学以致用，将数学知识运用于生活，很有钻研精神。此次经历让他在实践中体会到了数学的应用价值，增强了爱数学、学数学、用数学的意识，提升了发现问题、解决问题的能力，更真真切切体会到了数学与生活的紧密联系，体会到了学习数学的乐趣。最可贵的是，小作者能及时捕捉住日常生活中闪光的瞬间，记录下来，这日记的天地里便多了许多的快乐和欢喜。

## 16

# 抛硬币并非最公平

（适合中、高年级阅读）

最近老是下雨，周末我和表哥在家感觉非常无聊，于是决定来玩抛硬币游戏。我们约定：如果硬币正面朝上，就算我赢；如果反面朝上，就算表哥赢。

我们抛了十次，表哥赢了六次，我只赢了四次。我不服气，要求再玩十次。

第二局开始了，我们又抛了十次，表哥赢了七次，我只赢了三次。

这时，我纳闷了，不是说抛硬币很公平吗？我明明看着表哥抛的，怎么可能总是表哥赢呢？表哥看我闷闷不乐的样子，在旁边笑着跟我解释："大家一般都会认为抛硬币很公平，因为觉得硬币落下后正面朝上和反面朝上的概率是一样的，都是 50%。其实并不一定呢，按常规方法抛硬币，即用大拇指轻弹，落地时硬币上边一面朝上的可能性要大一些。""为什么呢？"我仍然百思不得其解。

"因为在用大拇指轻弹时，有些时候钱币不会发生翻转，它只会保持原样上升，然后下降。所以下次做决定前，你最好先观察一下，准备抛硬币的人把硬币的哪一面朝上，抛的过程中要关注硬币是否发生了翻转，然后再做选择，这样你猜对的概率要高一些。"表哥耐心地解释道。

"哼！不公平，再来再来！"不服气的我再次对表哥发起挑战。

哈哈，大家猜猜谁赢了？我们都没有赢，因为这次硬币居然立在了地上，我和表哥你看着我，我看着你，都笑了！

看来，抛硬币定输赢也不一定是公平的啊！

[作者姓名：涂承毅　指导老师：符丹]

**［作品赏析］**

　　只要我们能够做有心人，生活处处皆学问。抛硬币是公平的，但是作者讲述的这件事给了我们思考！数学就需要有这样的独特视角和寻根究底的精神。关于生活中发生的种种现象，你有什么看法？对于别人所说的你是赞同还是反对？你为什么会有这种看法或想法？你为什么会赞同或反对？你有什么好的建议……你看，原来生活中有这么多的问题值得我们去思考，去钻研！

# 17

# 矮寨大桥的启示

（适合中、高年级阅读）

暑假的一天，爸爸妈妈带我到湘西凤凰旅游。这里的苗寨风景迷人，这里的人们热情好客，这里的美食数不胜数，但令我称赞不已的还是矮寨大桥。远看，矮寨大桥像一条红色的长龙悬卧在两山之间。站在距离地面300多米的桥面正下方，听着头顶高速公路上的车辆疾驰而过，我两腿直打颤，紧紧抓着妈妈的手像蜗牛一般移动。我想，大桥的身躯如此庞大，下面又没有大的水泥墩支撑，单靠铁链吊着，能承受自身和来自外界的重量吗？在桥面下方行走时，我注意到桥身是由三角形的钢铁框架构成的，站在三角形钢铁框架的正前方，一眼望去，三角形越来越小，越来越密集，这得有多少个三角形框架排列着呀！我看得有些眼花了。返回途中，我一直对这列三角形"小火车"念念不忘，也对这个由三角形钢架支撑的桥身充满困惑。于是，我询问了身边的人，又在网上查阅了相关知识，得知大桥利用的是一个重要的数学知识：三角形的稳定性。

古人云，耳听为虚，眼见为实。我找来几张扑克牌进行实验。我发现一张纸牌无法立稳，因为它无依无靠毫无支撑，但当我把三张扑克牌搭在一起时，他们互相有了支撑点，立得稳稳当当的，就像三个要好的朋友，少了谁都不行！我觉得我的实验还不够可靠。于是我把我的想法告诉了数学老师，老师让我用小木棒做一个三角形框架和一个四边形框架，然后让我适当用力拉扯、挤压这两个模型。我发现三角形在多种形式、多个方向力的作用下，仍保持着它的完美造型。这就是三角形的稳定性！原来矮寨大桥就是利用这个原理设计建造的！

同学们，三角形在生活中处处存在，如自行车、屋顶、金字塔，只要我们留心生活，大胆探索，一定可以发现更多的数学奥秘。

[作者姓名：李相会　指导老师：刘婷]

**[教师点评]**

    小作者用朴实的语言将自己去湘西游玩时的所见、所思及回来后的所做、所感向小读者们娓娓道来。整篇文章结构清晰，开篇就将一座气势恢宏的大桥展现在读者们面前，让我们心里不禁为之一震。同时，作者又抛出对"三角形钢架支撑的桥身设计"的疑惑，激发读者的思考。紧接着，作者亲自动手做实验验证"三角形具有稳定性"这一原理，简易的实验向读者解释清楚了矮寨大桥桥身设计的科学性，还让所有人更加了解到数学源于生活，也造福于生活！

第四版块

数学漫画
呈精彩

# 01

# "数学漫画呈精彩"写作指点

当数学遇上漫画,会碰撞出怎样的火花?众所周知,看漫画是孩子们非常喜欢的娱乐消遣方式,而数学则是令不少家长、学生头疼的一门学科。两者看似毫无关联,其实我们可以通过漫画把数学趣味化。漫画与数学的巧妙融合,能让我们眼前一亮。原来在数学单调的面孔里,也可以有丰富的色彩、俏皮可爱的漫画人物……那么数学漫画该怎么创作呢?下面,我将给你三点建议:

## 一、"画"出抽象的数学概念

漫画容易给我们带来视觉与思维的双重冲击。视觉思维具有形象性、直观性、丰富性的特点,能够有效地传递语言、文字难以表达的信息。我们认识过很多几何图形,并学习了它们的很多性质、定理、公理……而这些东西用文字概括出来很生硬、枯燥、不易理解。这时,你便可以用漫画的形式将其画出来,图文并茂,再配上少许的文字加以补充,让人一看就明白了其中的奥秘。

如张雅晴小朋友的作品《看医生》,老爷爷的腰因为是一个四边形结构,最近有些直不起来,医生给他加了两根木棍构成三角形结构,立马治好了他的腰。四边形的不稳定性和三角形的稳定性在这样一个简短有趣的小故事中得到了很好的对比。又如彭紫涵小朋友的作品《烟盒的秘密》,通过烟盒不同的摆放形式给我们清晰地阐述了 10 包烟的包装问题。即在体积不变的情况下,不同的摆放形式,它们的表面积是不一样的。通过图形的展示,让我们明白重合在一起的面积越大,表面积就越小。再如黄琪耀小朋友的作品《神奇的兔子数列》,通过创设一个小故事,加上小作者深厚的美术功底,让神奇的斐波那契数列跃然纸上,使每一个爱好漫画的小朋友都会停下来细细地看、认真地看。在欣赏漫画的过程中，读者不免会眉头紧锁，但最后定会豁然开朗。抽象的数学知识因此变得生动有趣，深深地吸引了读者。还有肖紫妍的作品《形状之谜》，她借助两只可爱的小兔子的故事直观形象地为我们带来菜地里的"面积"与"周长"的关系，使得原本冷冰冰的"周长公式"和"面积公式"变得生动起来。

## 二、"画"出复杂的推理过程

漫画易于营造一种轻松愉快的学习氛围，激发我们的学习动机，缓解甚至消除我们在学习枯燥难懂知识时的烦躁情绪，使我们能更加愉快地投入到学习中，提高学习效率。在我们日常的数学课堂上，或在写作业的过程中，难免会遇到比较复杂的问题，而解决这些复杂的问题往往需要一个漫长而枯燥的解题过程，也许做完后自己都不愿回过头去再看一遍。这时，我们不妨把这种复杂题目的思考过程和解答过程进行有条理的排列，再配上适当的图片制作成一幅美妙的漫画，让人看的时候完全没有抵触，甚至眼前一亮。

如黄珍宸同学的《化零为整》这幅漫画，就是教材上一道关于圆的周长与面积之间关系的较复杂的题，姐妹两人从不同的角度进行思考，姐姐开动脑筋，将两个周长相等的半圆合二为一，形成一个整体，再根据直径与周长的关系，运用方程间接地得出关键的信息，最后根据半径求出面积。这种方法相比于妹妹的常规做法更有创意。这样一道难题，通过漫画的形式不仅让读者可以很感兴趣地读完，而且可以深刻地体会到解决问题策略的多样性。又如徐旖婷同学的《小兔星球探险记》编设了小兔探险这一情节，在此过程中，小兔不断地遇到新的问题，但总能迎难而上，勇往直前，解决了一道又一道的难题，赢得了动物们的表扬。小作者巧妙地将这些枯燥的解题过程融入到了漫画里，让数学充满了乐趣。

## 三、"画"出生动的数学情境

生活中处处都有数学，只要你认真观察，用心思考，就会发现数学就在你的身边。我们去超市买东西发现商品降价了，我们每天上学、放学用的时间与走过的路程，我们经过路旁的等距离的树木，我们操场上的花园的大小、形状……都可以聚焦出一个点，再把与这个点有关的数学问题用简短的语言有序地进行描述，配上适合的图画，就能让数学变得生动起来。

如田芙毓同学的《西湖山游记》，兄妹两人某天一起爬山，发现西湖山的高度与游过的华山的高度不同，于是运用小数除法知识，记住上山与下山的时间，用路程、速度、时间的关系计算出了上、下山的速度，等等。最后小作者归纳出：生活中处处有数学，数学中处处存在美。只要我们善于发现，一定能体会到数学世界的神奇与美妙。是啊，多么深刻的总结。

　　亲爱的读者，你知道吗？用漫画记录数学，有利于我们把所学知识更好地运用到实际生活中，加深对所学知识的理解，同时提高我们的数学应用能力。

# 02

# 神奇的兔子数列

## （适合中、高年级阅读）

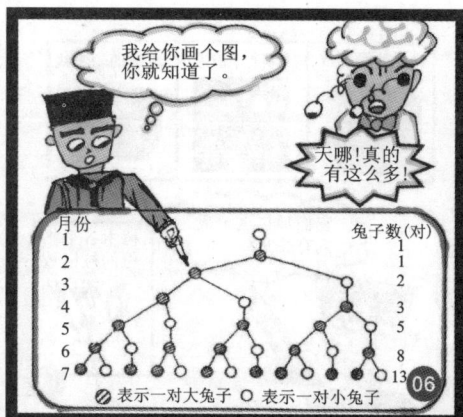

松果的鳞片数　向日葵种子的排列　海螺的轮廓线

它们都与这个数列有关呢！

树木各个年份的枝桠数

11

太神奇了！我回去得好好研究一下。

12

[作者姓名：黄琪耀　指导老师：谭艳辉]

## [作品赏析]

多么精彩的漫画！多么奇妙的数学世界！

给你一对兔子，7个月后你会有多少对兔子？1、1、2、3、5、8……这个数列有什么规律吗？大自然中有哪些与"兔子数列"有关的奇妙现象？漫画中，杰瑞和朋友带领着我们一起探索和发现。在这个过程中，我们可以充分体验数学探究的乐趣，感受数学文化的魅力和大自然的神奇。

小作者用自己独特的视角诠释着对斐波那契数列的认识和理解。巧妙的构思、栩栩如生的人物、精彩的语言，将抽象的数学知识变得生动有趣，深深地吸引了读者。

03

# 西湖山游记

（适合中、高年级阅读）

[作者姓名：田芙毓　指导老师：喻爱玲]

[作品赏析]

　　田芙毓同学和哥哥一起爬西湖山，兄妹爬山之前，用西湖山的高度去除华山的高度求出商，就有了爬西湖山是"小菜一碟"的愉悦感；往上走时又发现了门牌楼是具有美学特征的轴对称图形；他俩计时爬山，用行程问题求出了上山的速度；遇见耸入云天的楚文塔，他们产生了探求"百尺"知识的想法，通过网络搜索得到唐代"尺"和楚文塔的高度，通过单位换算理解了唐诗"百尺"的含义；两人返回再次计时求出下山速度，上、下山时间与速度的对比结果告诉了我们："下山好轻松。"最后知识归纳卡片上小作者用点睛之笔总结了这组数学漫画的主题。

确实，生活中处处有数学，只要我们善于发现。

# 04

## 化零为整

（适合高年级阅读）

今天是星期六，我和妹妹正在预习数学。

我们正在做练习十七。突然，我的笔停了，有一道题把我给难住了。

如图，街心公园有两块半圆形的草坪，它们的周长都是128.5米，这两块草坪的面积之和是多少？

这道题中有两条直径是未知的，只有算出了直径，才可以算出面积。我可以把两个半圆的周长相加，然后用列方程的方法算出直径，这样就能算出两个半圆的总面积了。

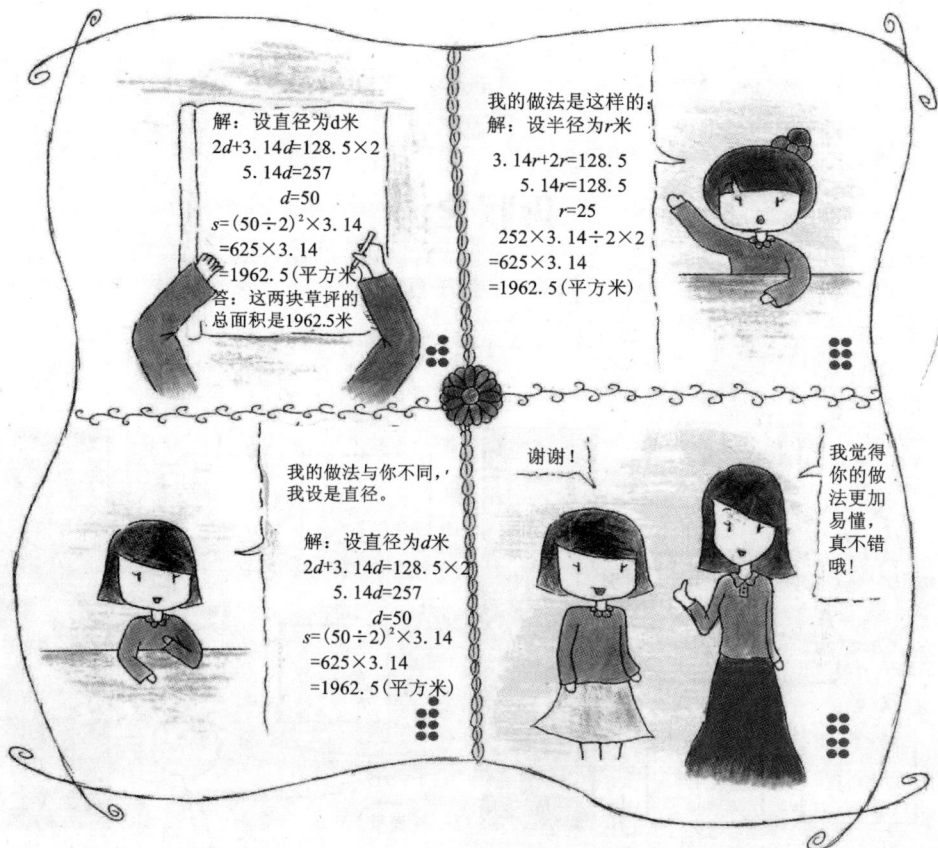

[作者姓名：黄珍宸　指导老师：吴新超]

## [作品赏析]

　　漫画与数学的巧妙融合，让我们眼前一亮。原来在数学单调的面孔里，也可以有丰富的色彩，俏皮可爱的漫画人物，使原本枯燥的解题过程变得生动有趣，让人心中全没有了往昔的抵触，反而想一口气把漫画解题的过程全部看完，这源于数学漫画的魔力。可见，数学漫画能有效地消除我们对数学的畏惧，增加积极主动的学习情感。面对难题，姐姐开动脑筋，将两个周长相等的半圆合为一个整体，再根据直径与周长的关系，运用方程间接地求出关键的信息，最后根据半径求出面积。这种方法相比于妹妹的常规做法更有创意。该日记不仅让我们感受到了解决问题策略的多样性，而且使我们领悟到"转化"这一数学思维方法的神奇魅力。化零为整，实在妙！

05

# 形状之谜

（适合中、高年级阅读）

春天到了，勤劳的小兔子想在菜园里种上最喜欢吃的萝卜。

1. 秀丽的小山庄里住着两个乖巧的孩子——小白兔和小灰兔，她们既是邻居，也是好朋友，每天在一起生活，一起玩耍。

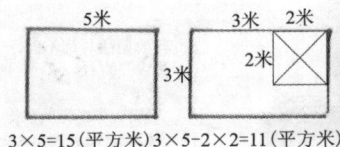

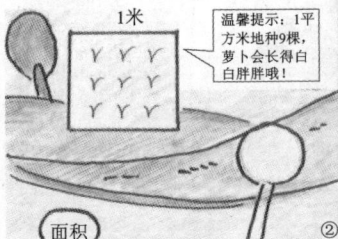

2. 起初，她们的菜地都是长5米、宽3米的长方形。只不过，后来小灰兔在菜地的一角盖了一间边长是2米的正方形房子。

3×5=15（平方米）　3×5-2×2=11（平方米）

温馨提示：1平方米地种9棵，萝卜会长得白白胖胖哦！

面积

3. 萝卜终于成熟了，她们各自可以收获多少个萝卜呢？我们一起算算吧。

3×5=15（平方米）
15×9=135（个）

3×5-2×2=11（平方米）
11×9=99（个）

萝卜收完了，菜园里都空了。

4. 收完萝卜后，菜园里什么也没有，一点都不好看，连小鸟都不来了。"唉，空空荡荡的，我们该做点什么呢？"

空空荡荡

太空了！

118　我和数学的那点趣事儿——教你写数学日记

⑤ 我们去山羊伯伯那里买些篱笆来装饰菜园吧!

那么我们要买多少米篱笆呢?

5. 她们准备去山羊伯伯那里买些篱笆来装饰菜园。

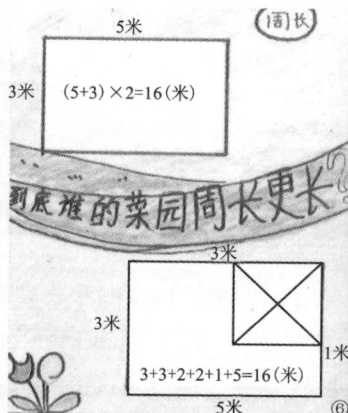

[周长]

5米

3米 (5+3)×2=16(米)

到底谁的菜园周长更长?

3米

3米

1米

3+3+2+2+1+5=16(米)

5米

⑥

6. 小白兔和小灰兔都在计算自己的菜园需要多少米长的篱笆。经过计算它们俩都需要篱笆16米。

篱笆:8元/米

山羊伯伯的商店

16×8 = 128

金额 ￥ ⑦

7. 山羊伯伯商店的篱笆单价是8元1米。她们一共付给山羊伯伯128元。

菜园又恢复了生机!

⑧

8. 菜园又恢复了生机,小鸟也飞回来了,还在菜园周围搭起了巢,小白兔和小灰兔可高兴了。

[作者姓名:肖紫妍    指导老师:刘思婷]

[作品赏析]

　　肖紫妍同学从小酷爱画画,她用数学的眼光,以连环画的形式,先创设了两只兔子有着两块同样大小的菜地,后来由于一只兔子"盖房"而导致菜地的大小和形状发生了改变这么一个情境,接着聪明的小作者又通过"种萝卜"和"围篱笆"两件事情来体现面积的变化与周长的不变。两只小兔子直观形象地为我们带来了菜地里的"面积"与"周长"的故事,使得原本冷冰冰的"周长计算"和"面积计算"变得生动起来。

# 烟盒的秘密

（适合高年级阅读）

图3的表面积：
2×(28×8.8+28×4.6+8.8×4.6)
=831.36(平方厘米)

图4的表面积：
2×(28×2.3+28×17.6+17.6×2.3)
=1195.36（平方厘米）

**5**

原来是这样：两包烟重合部分的面积越大，能减少的包装纸面积就越多。重合部分小些，用的包装纸就多些。包装纸越少就越省线。

**6**

**7**

5.6厘米

8.8厘米

23厘米

嘿嘿！如果我是老板，做生意肯定要更省钱才行啊。

**8**

爸爸告诉我，烟的包装除了2排5列的，1排10列的，还有礼盒装的。

[作者姓名：彭紫涵　指导老师：郭素红]

## [作品赏析]

"数缺形时少直觉，形少数时难入微。"小作者正是利用数形结合的方法，通过数学漫画的形式给我们清晰地阐述了10包烟为什么这么包装的问题。

小作者的漫画，画面漂亮、活泼、富有动感。赋数学问题于漫画中，激发读者不断深入地思考、探索。她极富数学眼光，善于从数学的角度观察生活。看到爸爸的一条烟，立马想到"为什么里面的烟盒是这样排列的呢"？接着小作者探索了多种摆法，还——计算了每种摆法需要的包装纸的大小，并进一步挖掘出了材料最省摆法背后的原因。文章结构清晰、层层递进、易于理解，是难得的佳作。

# 07

# 胖子"0"和瘦子"1"

（适合中、高年级阅读）

在神奇的数学王国里，胖子"0"和瘦子"1"这两个小有名气的数字，常常为了谁重要而争执不休。瞧，今天这两位小冤家狭路相逢，彼此之间又展开了一场舌战。①

哼，胖胖的0，你有什么了不起！就像100，没有我1，你这两个0有什么用！②

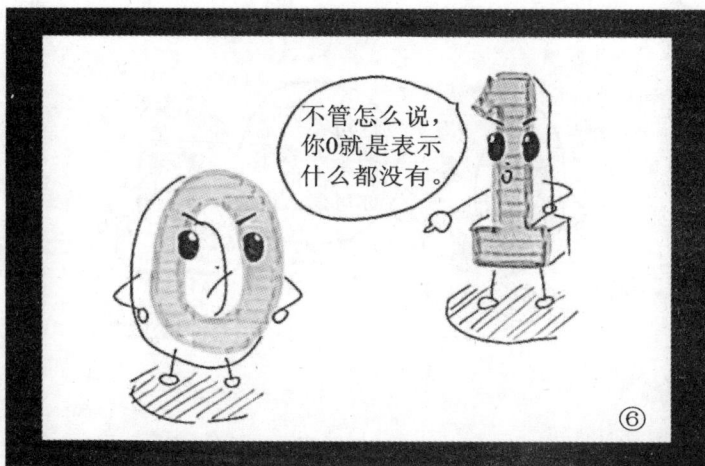

⑥

⑦

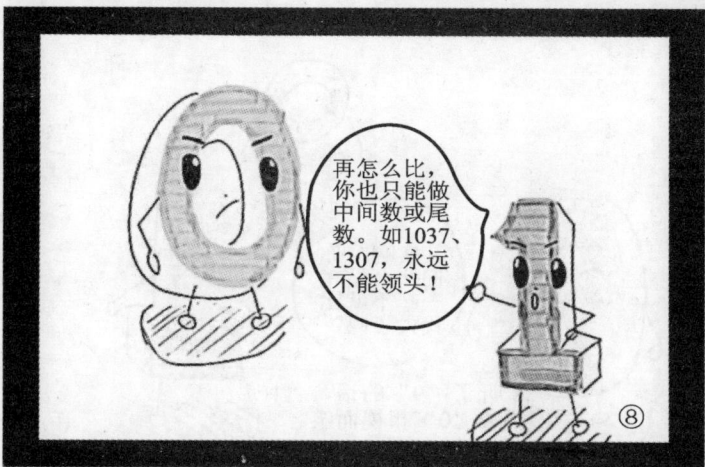

⑧

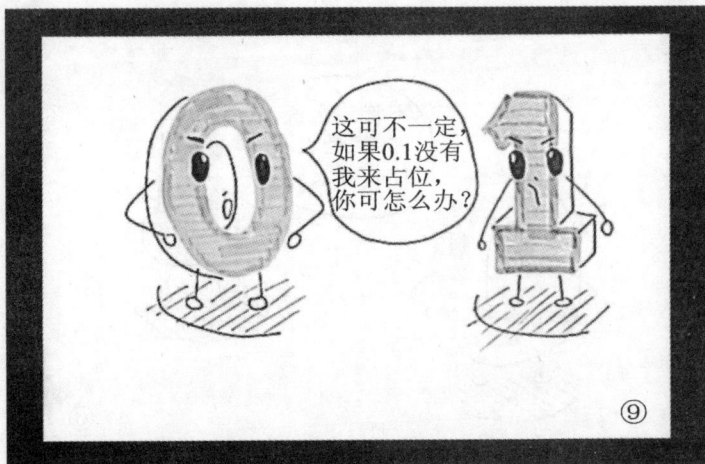

我和数学的那点趣事儿——教你写数学日记

[作者姓名：陈双　指导老师：刘彦媛]

📖 [作品赏析]

　　数学，是一门科学，象征着理性；漫画，是一门艺术，象征着感性。陈双同学利用自己的绘画特长，把看似毫不相干的数学和漫画神奇地结合在一起，创作了《胖子"0"和瘦子"1"》这则数学漫画。漫画开始，0和1叉着腰，以势不两立的架势展开舌战，生动有趣的形象轻而易举地就把读者引进了故事，随着舌战的升级，0和1的表情和姿势也在不断变化，被赋予语言功能的图片让"0的运算""0的作用""0的占位功能"等数学知识自然而然地飞进了读者脑中。真是生动有趣、引人入胜。

好啊！帮什么忙？

呃！让我思考一下！

嗨！小兔，我是小蜜蜂，你能帮我个忙吗？

甲、乙两箱粉笔的盒数之比是5：1，如果从甲箱里面取出12盒放入乙箱中，甲、乙两箱的粉笔数量比变成7：5，那么两箱粉笔共多少盒？

6

$\frac{5}{6} - \frac{7}{12} = \frac{1}{12}$ 　 $12 \div \frac{1}{12} = 48$（盒）

两箱粉笔共48盒

你好厉害！

你好小猪

我相信自己能行！所以我接受挑战！

两艘飞船从甲、乙两地同时相对开出，快飞船行完全程需20小时，慢飞船行完全程需30小时，开出15小时后两飞船相遇。已知快飞船中途停留4小时，慢飞船停留了几小时？

7

你好！小兔我是这个星球上最聪明的猪，你愿意接受我的挑战吗？

8

快飞船速度：$1 \div 20 = \frac{1}{20}$；

慢飞船速度：$1 \div 30 = \frac{1}{30}$；

快飞船行驶的路程：$\frac{1}{20} \times (15-4) = \frac{11}{20}$；

慢飞船行驶的路程：$1 - \frac{11}{20} = \frac{9}{20}$；

慢飞船行驶的时间是：$\frac{9}{20} \div \frac{1}{30} = 13.5$（小时）

开出后的时间减去慢飞船行驶的时间

$15 - 13.5 = 1.5$（小时）

谢谢！只要认真思考，一定会做出来！

哇！小兔你真厉害

9

动物星球颁奖仪式

惊喜

小兔被评为动物星球最聪明的小动物。

10

[作者姓名：徐旖婷　指导老师：周茂波]

## [作品赏析]

　　这是一幅充满想象的数学漫画，故事中的小兔遇到了一个个数学问题，但都能迎难而上，通过画图、有序思考等有效的数学手段各个击破，最后，攻克了所有难题，赢得了动物们的认可。作品角色刻画生动形象、栩栩如生，故事循序渐进。在充满童趣的情节中，巧妙地将数学知识融入极具幻想的漫画里，让数学题充满童真，让问题解决充满乐趣。

# 09

# 看医生

（适合中、高年级阅读）

[作者姓名：张雅晴　指导老师：罗丽华]

　　这幅数学连环画，故事情节新颖有趣，用儿童独特的审美视角，描述了这样一个故事：森林里的正方形框架老爷爷最近腰老是直不起来，于是便去看熊医生。熊医生医术高明，很快看出了病症。他拿出两根木棍安装在正方形的对角上，顿时，正方形框架老爷爷充满了力量。但他很疑惑，这是怎么回事呢？熊医生告诉老爷爷，这是因为两根小棒在他正方形框架的身体里构成了三角形结构，三角形具有稳定性，大大强于正方形结构。所以他的腰就直起来了，而且非常坚固。啊！原来熊医生利用了三角形的稳定性。小作者将所学知识用漫画的形式展示出来，图文并茂，让我们轻松地学有所得。

# 井盖的秘密

（适合中、高年级阅读）

我和数学的那点趣事儿——教你写数学日记

孩子们对很多事物都充满了好奇，他们的小脑袋里总会冒出无数个奇奇怪怪的小问号，激发他们去探索世界。这则数学日记围绕"井盖为什么要做成圆的"这个问题，姐妹之间进行了一次对话。妹妹对大街上的井盖充满好奇：为什么井盖一定要做成圆的，而不能按自己的喜好做成长方形、正方形，甚至是五角形呢？姐姐站在数学的角度，从正反两方面进行了释疑。原来井盖做成圆形是有原因的，它利用了圆的性质，同一个圆内最长的线段是直径这个原理，井盖即使倾斜也不会掉进井里去。反之做成正方形或者长方形，因为井口的对角线会比井盖的任何一条边都长，很容易掉进井里，非常不安全。接着，姐姐又从"角"的知识抛出另一个理由：圆的边是一条圆弧，三角形或五角形构成的角较尖，容易让人受伤。姐姐的话有理有据，让人信服。

# 11

# 拔萝卜

（适合中、高年级阅读）

我的密码是一个五位数，最低位上的数字是6，最高位上的数字是5，十位数字是个位上数字的2倍，前三位数字和后三位数字的和都是17。

6是3的2倍，十位应该是3；个、十、百位上的数相加是17，百位就是17-6-3=8；万、千、百位上的数相加也是17，千位就是17-8-5=4。密码就是54836。

[作者姓名：张懿静　指导老师：黎红娟]

[作品赏析]

　　小作者在学习亿以内的数时，很喜欢解这类密码题。她又擅长绘画和编故事，于是，就将其中这道题创编成了这个图文并茂的小故事。这篇漫画内容简单、情节完整、语言富有童趣，解题思路巧藏其中。而且配图精美，令人眼前一亮。

# 数学视角
# 观生活

# "数学视角观生活"写作指点

数学日记的一种主要形式就是记录与数学相关的生活现象和事件等，欢迎走进"数学视角观生活"版块。这个版块是运用数学知识写生活日记，需要你主动地用数学的眼光去观察生活，去思考生活中的问题，并尝试着解决它。这类数学日记该怎么写？下面，老师将给你四点建议。

## 一、细于观察

数学源于生活，又服务于生活。当你对身边与数学有关的事物多加留意，就会发现在平时的衣食住行中到处有数学的影子。比如，付梓瀚同学从"挂画总是挂不平"想到运用"两条平行线之间的距离处处相等"来解决；晏丽君同学点餐时遇到"12 寸的比萨卖完了，是不是换成 2 个 6 寸的就行"的难题，想到"圆的面积会随着半径的变化而变化"的知识，进而计算出应该换成 4 个 6 寸的比萨；陈佳依同学的《神奇的建筑——拱桥》就是看见奶奶家附近的古桥而产生的灵感，提出"古人修建的桥为什么是拱形的"这个问题，通过模拟试验和动手操作，最终解决了心中的疑惑；李景琪同学仔细观察外公家地里种植的向日葵，运用植树问题的知识，找到最有利于向日葵生长的行距和株距……当你有意识地用数学的眼光去观察生活时，你会发现生活中的数学更真实有趣、更富有挑战性。

## 二、乐于体验

除了观察生活，还有很多时候是我们亲身参与了综合实践活动，就可以直接把收集数据、探究原理和运用数学知识等活动经历写下来。比如，刘与晗同学的《参观绿色防控基地》、谢光翊同学的《航模与数学》、张佩兰同学的《越南盾》以及周鑫园同学的《温度高，不一定是好事》就是这样的作品，我们从中可以看出小作者们在参观、比赛、采访和种植等活动中切身体会到数学学习的重要性，在解决问题后获得了很大的成就感。是的，当你更广泛地接触生活，更细腻地体验生活时，对数学知识的渴望就会更加强烈。

## 三、勤于比较

第一种比较是直接用数据说话，它最能体现数学的理性和简洁。你看，《一场纷争》中，陈思宇同学用收入与支出的比较，得出种稻谷盈利的事实，从而解决了爷爷奶奶无休止的纷争。《小支出大感悟》里，谭奥麟同学通过列出支出清单，发现自己一个学期需要 4600 元支出，而打工的父母收入微薄，从而更加懂得生活的不易，并以此激励自己珍惜时间、发奋读书。第二种比较是生活用语与数学概念的差异。比如，李思恩同学的《西湖山上的"步"》就是从指示牌上的"100 米，您已步行 200 步"开始，探究生活中的"一步"与常用的长度单位之间的关系；邓欣雨同学的《生活中的"比"》则是通过篮球赛中"三班和一班的比分是 40∶20"，想到生活中的比分和数学中的比是否相同，然后在对比分析后发现它们本质的区别……当你尝试着用比较的方法思考和解决问题时，你对数学的理解也会慢慢深刻起来。

## 四、善于整合

数学知识并不总是孤立存在，我们看到的一些生活现象，需要用数学原理帮助分析，从而应用到其他领域来造福社会。比如，马浩翔同学的《快乐的"小鱼儿"》，记录的是街头新增"小鱼儿"电动车这一现象，通过计算废弃排放量、可行路程、骑行时间和了解动能转化为电能等数学和物理知识，得出"小鱼儿"电动车环保、节能，又便捷、省时的特性；罗智轩同学的《金子般的猪肉》从猪肉涨价现象开始，通过走访养猪户进行调查和上网查询资料，最终探寻出猪肉"金子般"价格背后的原因。胡茗威同学的《小小电费单，藏有大学问》，探究了阶梯电价的计算方式，了解到我国实行阶梯电价的背景和对保护环境产生的积极作用……小作者们还呼吁大家一起加入到节能减排、绿色出行和保护环境的行动中去，非常有社会责任感。

当你不仅能用数学语言把司空见惯的生活现象表达出来，还能沟通各学科之间的联系时，你会惊喜地发现，原来数学不孤立，知识永相通。

最后，当你要独立开始写这类生活数学日记时，老师想给你提五个小问题帮你理理头绪：1. 生活或学习中遇到了什么问题？2. 你运用了哪些数学知识来解决问题？3. 解决问题的过程中是否遇到困难，你是如何克服困难或得到帮助来解决的？4. 你是如何进行数据的收集、整理、分析和对比的？5. 最后结果怎样？

孩子，开始写写数学日记吧！相信你一定可以用数学的眼光去观察和认识周围的事物，把生活中的新现象、新发现和新感受记录下来，体会数学的神奇和美妙。

02

# 挂画

（适合中、高年级阅读）

　　哇哈哈，过年啦！为了让家里变得更漂亮，妈妈新买回两幅画和一根横杆，她笑眯眯地对我说："梓瀚，来跟妈妈一起把画挂起来迎接新年，好吗？"我一口答应了，兴高采烈地从工具箱中找到钉子、锤子和两条长长的红绳子。在妈妈的协助下，我将绳子的一端穿过画上的挂钩，打上一个结，另一端套在横杆上，也系上结，并按同样的方法用第二根绳子将横杆和画连接起来。眼看就要大功告成了，我迫不及待地将横杆往墙上钉好的钉子上一搁，"哈哈，妈妈，我们把画挂好了！"我搂着妈妈的脖子高兴地说。但是妈妈皱了皱眉，好像不太满意我们共同的"杰作"，我再看看墙上的画，歪歪地斜向一边了，"咦，画怎么是斜着的？"带着这个疑问，我轻轻地把画取下来，在妈妈的鼓励下又重新试了几次，可结果都是一样的，唉，真是好事多磨啊。（如下图）

　　正当我绞尽脑汁冥思苦想时，脑海中突然冒出了数学书上的一条定律：两条平行线之间的距离处处相等！这条定律瞬间让我头脑清醒了，我进而想到：如果我把两条绳子剪得一样长，那么画是不是就会跟横杆平行，也就是挂正了呢？说干就干，我重新剪了两条10厘米长的绳子，用它们把画和横杆连接起来，然后小心翼翼地把杆子挂到钉子上，见证奇迹的时候到了，我闭着眼睛退到远处，悄悄睁开一点缝隙去看，"哈哈，挂正了，妈妈，我们把画挂正了，耶！"（如下图）

144　　我和数学的那点趣事儿——教你写数学日记

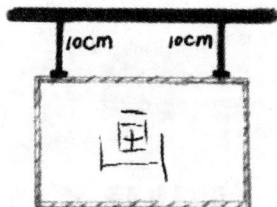

妈妈欣慰地点点头，对我竖起大拇指："儿子真棒，不仅能主动帮妈妈做事，还能开动脑筋把事情做完美，超级厉害！"听到妈妈的表扬，我的心里比吃了蜜还甜呀！

这次经历让我明白了生活中处处有数学，也激发了我对探索数学世界的渴求和欲望，我决心要做一个"数学痴瀚"！

[作者姓名：付梓瀚　指导老师：罗平安]

[作品赏析]

　　小作者在生活中遇到了问题，能马上联系自己所学的数学知识去解决问题。他帮妈妈挂画，首先因为截取绳子长度的随意性，导致"画朝一边倾斜"。后来，运用"两条平行线间的距离处处相等"这一知识，截取一样长的绳子来挂画，于是"画挂正了"。

　　他的数学日记清楚地记述了整个事情的经过，对人物的动作、神态、语言、心理活动等，都进行了具体而生动的描写，让读者身临其境，有困难时会随着小作者冥思苦想，问题解决后，又跟着小作者欢呼雀跃！生活中的数学问题，正等待有心的你去发现、去探索、去解决。

# 03

# 吃比萨了

（适合高年级阅读）

今天是个阳光明媚的假日，终于可以放松放松了。让我们来吃点不一样的美食——比萨！

我、妈妈还有弟弟兴冲冲地来到了比萨店，一位服务员面带微笑地向我们走来，递给我们一本菜单，上面有着各种各样的比萨美图，让人看了直流口水。

我迫不及待地说："给我们来一份 12 寸的澳牛口味比萨，谢谢。"

服务员一脸歉意地说："不好意思，我们这里 12 寸的澳牛比萨已经卖完了，要不你们换一种?"

妈妈听了马上说了一句："没关系，那就给我们来两份 6 寸的比萨就是了。"

我感觉有点不对，就连忙对服务员说道："先等等，好像一份 12 寸的换 2 份 6 寸的不太对，让我们想一想。"

弟弟听到了我的话，一脸不解地问道："怎么啦，12 寸的换 2 个 6 寸的，有什么问题吗?"妈妈也不解地看着我。

我静下心来想了一会儿，终于想明白了。于是得意地对弟弟说："我们老师上课时说过，当圆的半径发生变化时，圆的面积也会发生变化，但这两种变化是不一样的，12 寸的比萨的半径就是 6 寸，那么它的面积就是 $6^2 \times \pi = 36\pi$，6 寸的比萨的半径就是 3 寸，那么它的面积就是 $3^2 \times \pi = 9\pi$，$36\pi \div 9\pi = 4$，所以 12 寸的比萨面积是 6 寸的比萨面积的 4 倍。买 2 个 6 寸的比萨就不够吃了，所以要买 4 个 6 寸的比萨!"听我说完，妈妈对我竖起了大拇指："君君真棒，数学学得真不赖!"弟弟也用一脸崇拜的表情看着我。我心里美滋滋的，这次的比萨吃起来也觉得格外的香。

数学真是无处不在，它的魅力往往就藏在平凡的生活中！

[作者姓名：晏丽君　指导老师：易晓亮]

## [作品赏析]

　　小作者善于观察，将点餐中的小片段选为撰写数学日记的好素材，行文流畅，思路清晰，语言简洁。她运用所学的"圆的面积会随着半径的变化而变化"的数学知识，解决了"12寸的比萨卖完了，是不是就只要换成2个6寸的比萨"这个问题，并获得了小小的成就感。

　　有人说，现在书本上的知识都和实际生活联系不大，晏丽君同学通过吃比萨这件事很好地反驳了这种观点。数学知识源于生活，更重要的是我们要学会将它应用于生活！

## 04

# 神奇的建筑——拱桥

（适合中、高年级阅读）

生活中，我们都见过一种拱形的古桥。为什么它是这种样式？这个问题困扰了我好久。

于是我问奶奶："为什么古人建桥要砌成拱形的呢？它的承受力会比直直的桥更大吗？"

奶奶回答道："我也不是很清楚。你做个小实验或去查查资料，说不定能找到答案呢！"

我想了想，怎么实验呢？是不是只要用一样的材料，搭个不同形状的小桥就可以了呢？

于是，我找来了一张 A4 纸，一叠书和一些同样重的硬币，还有两块橡皮。

实验一：在一张桌子上，我把书分成同样高的两堆。然后，把它们朝同方向摆在一起，两堆书相距 6 厘米。再把 A4 纸平放在上面，两个边缘各放一块橡皮稍微固定纸张，然后在上面往中间悬空部分上面轻轻地放硬币，当加到 2 枚硬币的时候纸就塌了下去。

实验二：在其他条件都不变的前提下，我把 A4 纸折成拱形，接着同样在悬空部分上面放硬币，这次硬币加到第 9 枚时，纸桥才陷了下去。

两次实验结果对比，就说明了拱形的承重力比直条形的承重力大得多。所以拱桥比直条形的桥会更安全、更坚固。由此可见古人是多么有智慧。

后来我又通过查资料得知：古人搭拱桥是受到了鸡蛋的启示，当我们把鸡蛋放在手掌心，用力地挤压两端，并不会像想象中那样易碎，而是要使出很大的力气才能压碎鸡蛋，这是因为球形也是由若干个拱形组成的，也具有拱形的特点，因此它更坚固。而桥造成拱形的形状，可以使桥面向下的压力分解成向下和对桥两端的水平力，从而使桥体的承重力更大。

以上是我通过自己的实验和查找资料发现的古桥建成拱形的原因。我还听爸爸说，拱桥的秘密还不止这些呢！就如拱桥的坡度设计也是有很多的学问的。生活中还有很多这样有趣的数学知识等着我们去探索呢！

我们的生话中充满了数学，只要用心观察，仔细发现，你就能享受数学带来的欢乐。

[作者姓名：陈佳依　指导老师：李竹吾]

[作品赏析]

小作者在学习和生活中善于观察和发现问题，文章开头就提出"古人修建的桥为什么是拱形的"这个问题，然后自己运用所学的数学知识进行动手操作，反复试验，并查询资料，最终解开了心中的疑惑。整个过程写得具体、明晰、条理清楚，开头和结尾都很自然、准确，这些都体现了作者娴熟的语言驾驭能力，同时也很好地将数学知识与日常生活结合了起来。

# 05

# 外公的向日葵

（适合中高年级阅读）

这世上有许多种花，我最喜欢的就是向日葵。因为它朝气蓬勃、向阳而生……

外公种了很大一片向日葵，足足有两分地。按一分地约等于 66.67 平方米计算，两分地就是 $66.67 \times 2 = 133.34$（平方米），比我们家房子的面积还要大呢！每逢放假，我们都会在向日葵田中玩耍、嬉戏，穿梭于向日葵的行列之中。我数了数田里的向日葵，一共种了 14 行，每行 42 株，共 $14 \times 42 = 588$（株）。平常听外公说起，一株向日葵大约能产 0.2 斤瓜子，那么一共能收获 $588 \times 0.2 = 117.6$（斤）$\approx 118$（斤），约合 59 千克。如果按每千克 12 元计算，总金额就是：$12 \times 59 = 708$（元），也就意味着外公大半年的辛劳，收入大约是 700 元。

算出这个数字，我心里有点难过，外公的辛苦换来的竟然只有 700 元。我想既然产量这么少，那么如果把向日葵多种一倍，不是就能多收 59 千克瓜子了吗？我兴奋地把这个想法告诉了外公，外公摸着我的头，慈祥地笑着对我说："可不是这样的，向日葵的行距、株距都是有讲究的。种太密了，养分会不够，让向日葵长不大；而且空气不流通更容易让向日葵患病，所以这样种的产量会更低。我以前也这样种过，产量却只有 46 千克左右。而且，我还尝试过其他的种植方法，产量都不高。因此，根据我多年的经验，这种种植方法是最理想的。"我接着说出自己的想法："既然这样，我把行距和株距测量出来，让大家都按这种科学的方法去种向日葵，农民伯伯就可以受益了！"外公对我竖起了大拇指，给了我一根皮尺说："去把它量出来吧！"

于是，我测出了向日葵的株距和行距大约都是 0.5 米，我又算了起来：外公的种法是属于植树问题中两头都种的情况，42 株向日葵有 41 个间隔，41 ×

0.5 = 20.5（米）。14 行向日葵有 13 个间隔，13 × 0.5 = 6.5（米），也就是说外公的田地长是 20.5 米，宽是 6.5 米，那么 20.5 × 6.5 = 133.25（平方米），这样算出来，除去小误差，基本上和外公两分地的面积相等。

我把外公的种植经验跟种向日葵的叔叔们说了，他们都为我点赞。我仿佛看到在向日葵丛中辛勤劳作的外公，慈祥的目光中满是对我的赞许。我爱向日葵，爱它一片向阳的心！

[作者姓名：李景琪　指导老师：邱高辉]

## [作品赏析]

小作者善于观察和思考，能从外公种植向日葵的过程中提出一些数学问题，不仅计算出总株数、总产量和总收入，还测量出最适合向日葵生长的株距和行距，并运用植树问题的知识对土地的面积进行了验证。更为可贵的是他还流露出自己内心的真实情感，一个学以致用、乐于助人的阳光少年跃然纸上。生活处处皆学问，只等着用心的你去发现和思考。

## 06

# 参观绿色防控基地

（适合中、高年级阅读）

10 月 27 日，阳光明媚，我和钟子涵及她爸爸，一起来到了浏阳市达浒绿色防控基地参观采访。

走下车，映入眼帘的是一个个绿色的大棚，挂满了苦瓜，旁边白色大棚里则种满了辣椒和茄子。在这金灿灿的秋季里，满眼的绿色给人不一样的舒适感。棚里相隔一段就挂有黄色板子和瓶子，上面沾满了各种各样的害虫，子涵爸爸告诉我们这是杀虫板和性诱剂。棚外田埂上的几盏灯也吸引着我们，可别小看了它们，那是太阳能杀虫灯，可以发出对害虫很有吸引力的光，杀死有趋光性的多种害虫。真神奇！一盏这样的太阳能杀虫灯可以管 40 亩，这片基地共有 5 盏这样的灯！

我们发现，没有架棚的辣椒无论是树干还是果实都比不上棚里的。棚里的辣椒树高度快到我胸前了，棚外的还只有我们的膝盖那么高，树瘦小很多，果实也小很多，这是为什么呢？

我们带着疑问采访了基地负责人冯先付伯伯：

"伯伯，您目前种植了哪些蔬菜？面积是多少？"

"主要种植了辣椒、茄子和苦瓜，辣椒占了 60%，总面积 340 亩。"

"有多少亩采取了绿色防控技术？占了总面积的多少呀？"

"170 亩左右采取了绿色防控，占 50% 的样子。"

"您这一批蔬菜采取了哪些绿色防控啊？"

"主要采用了你们刚才看到了的防虫板、性诱剂和太阳能杀虫灯。"

"采用绿色防控蔬菜成本的投入情况比没有采取绿色防控成本的投入情况有什么不用呢？"

"采用了的成本比没有采用的成本要少些，每亩少 200 至 300 元左右。相比之下，投入成本要减少 20% 的样子，最主要是农药要少打 30% 左右，这样种出来的食品更绿色、更安全。"

"采用绿色防控的蔬菜价格和销售情况怎么样?"

"辣椒现在的市场价是每斤 4 元，比没有防控的贵 15% 的样子。销售不错哦，看，这些打包的辣椒、苦瓜都是运往长沙的呢!"说到这儿，冯伯伯一脸开心。

"怎样辨别蔬菜是否采用了绿色防控?"

"颜色更亮，摸上去更光滑，吃起来口感更好。"冯伯伯抓起一把辣椒指给我们看。

通过实地参观采访，我们深入认识了绿色防控技术，而且了解到像冯伯伯这样采用绿色防控技术可以带来三大效益:

一是经济效益显著。通过绿色防控技术的应用，可减少农药施用 2～3 次，每亩减少农药投入 40～60 元，每亩增加蔬菜产量 400～500 千克，以无公害产品平均售价高于普通产品 15% 计算，每亩绿色防控产品收入增加 600 元以上。

二是社会效益突出。实施绿色防控区域内的蔬菜农药残留检测合格率可以达到 100%；同时，培养了一大批掌握绿色防控技术的农民，慢慢让绿色防控成为企业自律、农民自觉的行为。

三是生态效益明显。推广应用绿色防控技术后，农药使用量减少，生态环境改善，害虫天敌种群数量增加。

啊，生活处处有数学，你看，她躲在市场里，藏在农田中，是我们的好朋友。

[作者姓名：刘与晗　指导老师：杨里松]

## [作品赏析]

绿色防控，是一种新型的农业技术，涉及的方面有生态调控、生物防治、物理防治、科学用药等，可以帮助我们达到保护生物多样性，降低病虫害暴发几率的目的。

作者从数学角度观察生活，文章构思新颖，贴合实际，文笔流畅，用词恰当，既展现了自己深厚的写作功底，又体现了数学思维的严谨，是一篇不可多得的佳作！文章以采访的形式，将传统的耕作与绿色防控进行对比，从生长情况、种植范围、成本投入、销售情况等方面说明了绿色防控的优势。

文中还出现了大量的百分数：60%、50%、20%、30%、15%、100%，应用百分数，更加具有说服力，这是百分数在实际生活中的应用。其他数据也有力地对结果进行了说明，体现了数学存在于生活中，生活也有数学美。

# 07

# 航模与数学

（适合中、高年级阅读）

我是一个航模爱好者，每年都要参加很多大大小小的比赛。今年的科技节就要开始了，我正在积极备战。这回，数学可帮了我的大忙！

我要参加的是遥控电动模型穿越龙门赛，器材规定：模型翼展 1.0 米，误差不超过正负 50 毫米。也就是可以长 5 厘米或者短 5 厘米，因此我算出翼展可以是 1.05 米或 0.95 米。主体结构材质为 KT 板，以电动机为动力，电池限用不大于 2200 毫安的锂电池。

之前我练习的是苏 27，翼展 0.95 米，虽然符合规格，也飞得快，但穿龙门没那么灵活，用的电池是 1300 毫安的，存电量小。所以我打算重新装一架三角翼纸飞机，它机翼大，滑翔性更好，电池是 2200 毫安，比之前的大 900 毫安，可以飞得久些。太好了！就这么决定。

下午，我们开始在培训中心用赛道练习，哇！龙门宽 10 米，像我们家的客厅那么长，高 4 米，这岂不是有 3 个我这么高吗？两个龙门分置于 10 米乘 10 米场地端线，就像 1 个正方形的舞蹈室，飞机可以来回酷酷地飞舞。比赛时间是 2 分钟，也就是 120 秒。模型起飞后先穿过龙门 A，再穿过龙门 B，然后飞出，计为 1 圈穿越。

听教练讲完规则后，我第一轮试飞是 17 圈，平均 7 秒多一圈，唉！都怪在飞行途中掉了两次，重新起飞耽误时间了。我想，只要我稳稳地飞，胆大心细，圈数肯定会更多的，我的目标是平均 5 秒一圈，120 秒也就是 24 圈，加油！

随着教练的口哨声响起，第二轮开始了，"1 圈有效，2 圈有效……"教练这声音我喜欢听！飞机在空中平稳地飞行，一切都在我的掌控之中。我知道我不能放松，手上的遥控器必须操纵得非常精准，反应要快，手、眼、脑协调更重要！"时间到！谢光翊25圈！"耶，挑战成功！

于是我又设定了新的目标：练到3至4秒一圈，也就是2分钟30至40圈，为学校争光！

啊！一边学航模，一边用数学，真有意思！数学让我推算出胜利的可能性，计算出了很多我要的结果。利用这些计算结果，我给自己定的目标更加明确清晰——真得感谢数学呀！我爱航模，我爱数学！我要加倍努力，长大为祖国的航天事业做出贡献！

[作者姓名：谢光翊　指导老师：寻红果]

**[作品赏析]**

小作者善于思考，学以致用，整篇日记表达清晰，条理性强，将语文的文学色彩和数学的逻辑思维结合得自然贴切。文章中，他把自己在航模比赛训练中亲身经历的整个过程和快乐体验记录下来，还运用数学知识计算出了各类数据。最可贵的是，接下来，小作者以这些数据为依据，清晰明确地为自己定下一个又一个目标，并努力逐个去实现。从文章中我们可以看出，他利用数学知识帮助自己解决问题，在这个过程中获得了成就感，明白了运用知识是一件有意义的事情，进而懂得了数学的重要性，并爱上了数学，这就是学习的价值。

# 08

# 温度高，不一定是好事

（适合高年级阅读）

近几天来，好多同学都欢喜不起来了，因为我们班栽种的大棚黄瓜出了个怪现象：开花少，成功挂果的更少，只长苗不长黄瓜，急死人了，大家心里都是"拔凉拔凉的"。

这就放弃？不，这不是我们班级的作风！找原因吧！

土质，没有问题，都是从同一片稻田里搬运过来的泥土。施肥，没有问题，同样的肥料同样的比例设置，连施肥的时间都是一样的。虫害，不是问题，大棚的黄瓜到现在都没有施药，每天早晨我们都去观察，没有见到任何虫害！那就只剩下两个因素了，水分和温度的问题。

小组找来了当地连续 10 天的温度情况进行了统计。

**自然栽种状态下的黄瓜地温度**　　　　　　　　　　（单位：℃）

| 天数 | 1 | 2 | 3 | 4 | 5 | 6 | 7 | 8 | 9 | 10 |
|------|----|----|----|----|----|----|----|----|----|----|
| 白天 | 32 | 34 | 33 | 32 | 35 | 34 | 35 | 33 | 34 | 34 |
| 晚间 | 22 | 21 | 22 | 20 | 19 | 20 | 21 | 19 | 18 | 20 |

**大棚栽种状态下的黄瓜地温度**　　　　　　　　　　（单位：℃）

| 天数 | 1 | 2 | 3 | 4 | 5 | 6 | 7 | 8 | 9 | 10 |
|------|----|----|----|----|----|----|----|----|----|----|
| 白天 | 36 | 38 | 37 | 36 | 39 | 38 | 39 | 37 | 38 | 38 |
| 晚间 | 26 | 26 | 26 | 24 | 24 | 25 | 26 | 24 | 23 | 25 |

（白天：11 点 30 分，晚间：22 点）

从表上很容易看出，大棚的温度白天大约高出4℃，晚间大约高出5℃。这个高出的温度对黄瓜的生长有影响吗？我们通过走访老农，寻访蔬菜基地的师傅，并且上网搜索，终于知道了白天的温度高出4℃的问题不是很大，关键是黄瓜晚间需要营养积淀的时间，而我们班的大棚晚间温度普遍达到24℃以上，这正是黄瓜生长的临界温度，24℃以上黄瓜只有生长速度而没有营养积淀的时间，造成了黄瓜苗徒长。

再看湿度的记录情况：

**自然栽种状态下的黄瓜地湿度** （单位：%）

| 天数 | 1 | 2 | 3 | 4 | 5 | 6 | 7 | 8 | 9 | 10 |
|---|---|---|---|---|---|---|---|---|---|---|
| 白天 | 72 | 74 | 75 | 73 | 78 | 73 | 70 | 72 | 70 | 78 |
| 晚间 | 55 | 56 | 54 | 58 | 58 | 50 | 52 | 52 | 54 | 50 |

**大棚栽种状态下的黄瓜地湿度** （单位：%）

| 天数 | 1 | 2 | 3 | 4 | 5 | 6 | 7 | 8 | 9 | 10 |
|---|---|---|---|---|---|---|---|---|---|---|
| 白天 | 88 | 90 | 88 | 89 | 91 | 90 | 95 | 89 | 92 | 89 |
| 晚间 | 70 | 68 | 68 | 66 | 66 | 68 | 69 | 68 | 70 | 65 |

（白天：11点30分，晚间：22点）

通过对比发现，自然栽种状态下的黄瓜，白天和晚上湿度变化的区间是50%～78%，大棚栽种状态下，黄瓜地湿度的变化区间是65%～95%。这说明了大棚里面温度高，同时伴随的是湿度也高。高温高湿的状态下，黄瓜苗就会推迟生长，这样雌雄花苞花期太短，雌雄授粉的机会大大减少而不结出黄瓜。温度高点有时还真的不是好事！

怎么办呢？降温啊！我们将我们的调查结果告诉了指导老师，老师相当赞同我们的调查结论，同意我们采取如下降温措施：打开顶棚并放下遮阳网；四边的卷膜卷起；洒水的时间安排在晚间；白天中午高温点时打开换气风扇等。

真希望十几天后，我们的黄瓜藤结瓜满满啊！

[作者姓名：周鑫园　指导老师：卢林]

数学知识源于生活，生活中处处皆有数学。

小作者在劳动实践场所进行栽种实践锻炼的时候，发现了生活中的问题，产生了探究的需求，小组成员设计探寻原因的方案，集体实施研究行动，生成了系列数据，通过对数据的简单统计，并根据数据之间的联系进行简单的分析，最终通过信息内在的特征发现规律，再通过这些规律去解释生活中发现的问题，并尝试寻找解决问题的办法。

小作者将自己的整个体验过程记录下来，就为我们很好地呈现出了他的数学发现和思考。看似一篇简单的日记，实际充分体现了学生对问题的思考，对调查统计知识的应用。这种求知的态度、探究的方法都值得我们好好学习。

# 09

# 一场纷争

（适合中、高年级阅读）

今天，奶奶在家门口翻晒谷子。只见她戴着草帽弓着腰，两手拿着耙来回走动，还时不时用手撑着腰，费力地把腰板挺直。她额头上布满了细小的汗珠，这些汗珠顺着她的脸颊流到那布满皱纹的下巴，又滴到了地上，没几秒就被太阳烘烤得不见踪影。"越来越好，来来来……"这不是奶奶的手机铃声吗，怎么在这时候响起来了？哦，原来是叫奶奶去打麻将啊！这时，一向很爱打麻将的奶奶终于忍不住了，向爷爷抱怨道："从年头到年尾都忙着种谷子！你看看隔壁家！人家知道趁着大好时节出去旅行，而我呢！连麻将都不能去打！"

"那你说不种谷子，我们吃什么？"爷爷有点生气地说。

"买米吃不就行了？"奶奶反驳。

"买的米哪有自己种的好？"爷爷毫不示弱。

"自己种田又不挣钱，年年亏！年年赔！"

听了这话，爷爷真生气了，吼着："哪亏了？哪赔了？"……

他们俩声音越来越大。争吵声引来了爸爸妈妈，还把好事的邻居们都引来了。眼看火山就要爆发了，我连忙跑到他俩跟前，说："爷爷奶奶，你们别吵了，让我们来用数据说话。"

我回到屋里，拿出了本子，一边询问爷爷，一边登记，得到了以下这些数据：

表1 成本开支 （单位：元）

| 项目 | 谷种 | 耕田 | 防虫 | 除草 | 肥料 | 收割 | 人工 | 总计 |
|------|------|------|------|------|------|------|------|------|
| 价格 | 200 | 600 | 300 | 80 | 200 | 500 | 700 | 2580 |

表2 稻谷收入

| 2018年谷价（单价） | 今年收成（重量） | 折算金额（总价） |
|------|------|------|
| 110元/百斤 | 3000斤 | 3300元 |

统计完成后，我拿着画好的表格说："爷爷奶奶，今年的收成折算成人民币价值3300元，但我们的成本包括：谷种、耕田、防虫、除草、肥料、收割、人工，加起来花费了2580元，所以净利润有720元。不信的话，你们来看看。"奶奶拿过我手里的表，仔细核对起来，爷爷则一个劲地夸我："我家孙女的书没有白读啊！"周围的邻居也对妈妈说："你家这孩子长大了不得了啊！"听了他们的夸赞，我心里美滋滋的。

你看！数学解决了我家的一场纷争呢！在生活中，我们多用理性的思维解决问题，可能会得到意想不到的效果。

[作者姓名：陈思宇 指导老师：罗靖宇]

[作品赏析]

这是一篇将数学知识灵活运用于生活实际的典型范文。文章细腻的动作描写和奶奶汗滴流下时的神态描写突出了奶奶晒谷子的艰辛，为后文奶奶的抱怨与生气埋下伏笔。而奶奶电话铃声响起便是故事情节展开的导火索，整篇内容贴近生活，情节曲折又合乎情理。小作者用理性的思维和态度，通过统计、分析、解决、应用等一系列数学的操作过程将爷爷奶奶之间的矛盾纠纷巧妙化解了。

将数学的知识和方法有机融入生活之中，小作者做到了，相信每位小读者也一定能行。

# 10

# 越南盾

（适合中、高年级阅读）

暑假，妈妈带我去越南芽庄玩，在机场就有人找我们兑换越南币，我问妈妈："为什么要兑钱？"

妈妈说："越南和我们不是同一个国家，他们用的钱和我们不一样，我们的钱叫人民币，他们的钱叫越南盾。"

我们问了一下兑钱的老板："100 元能兑多少？""30 万越南盾。"老板说。

我吓了一大跳，以为自己听错了，妈妈笑着对我说："你没有听错，妈妈上网查了，如果到越南兑还可以多兑一点，100 元可以兑换 33 万越南盾呢。"

果然一下飞机，就看见机场有兑换窗口，妈妈换了 1000 元，兑来了一叠越南盾，币值有 50 万、10 万、5 万、1 万的。我数了好久，每数一张我都睁大眼睛数零，这 1000 元一共换来了：4 张 50 万的，合计 200 万；10 张 10 万的，合计 100 万；4 张 5 万的，合计 20 万；10 张 1 万的，合计 10 万。我算了算，加起来正好 330 万。

我感觉我妈像个大土豪了！

越南人可真辛苦！每天数钱都要浪费好多时间，万一一个零没数清楚差别可就大了。我问妈妈："为什么他们不把钱弄小一点呢？"

妈妈说："这是因为他们国家以前发生过通货膨胀，商人们随意抬高物价，本来 2 块钱一斤的米涨成了 20 元一斤，200 元一斤……最后就再也降不下来了。"

接下来的几天，我们在越南游玩，付钱的时候总是反应迟钝，算来算去，后来发现了一个快速换算的方法——去掉 4 个零再乘以 3。比如：妈妈买了一袋猫屎咖啡，花了 20 万越南盾，去掉 4 个零是 20 元，再乘以 3 就是 60 元人民币了。我们感觉这样好算多了。

在越南开心地玩了几天，我们就回国了。回到家我觉得还是中国好，人民币好用，微信、支付宝就更不用说了。

[作者姓名：张佩兰　指导老师：易娟]

## [作品赏析]

本文的小作者在游玩时通过细心观察，发现了人民币和越南盾的不同，并且在游玩的过程中不忘思考，学到了兑换的公式，懂得了兑换的小技巧，以此轻松解决旅行中的实际问题。文章视角比较独特，选题新颖，数字计算都交待得非常清楚，内容真实，特别是语言描写非常到位，体会到了玩中学的乐趣。结尾处小作者将主题进行了升华，也让我们产生了强烈的民族自豪感。

# 11

# 西湖山上的"步"

（适合中、高年级阅读）

今天是周末，天气很好。我跟着爸爸去爬浏阳城区有名的西湖山。

我高高兴兴地跑在爸爸前面。刚上山我就看见了一块大指示牌，上面写着"健康步道，起点"。爬了不远，我又看到一块指示牌，上面写着"100 米，您已步行 200 步"。我又继续往前，看到了第三块牌子，上面写着"200 米，您已步行 400 步"。这些指示牌上的字让我觉得很奇怪，难道 100 米等于 200 步吗？而 100 米等于 1000 分米，那 1000 分米就等于 200 步了。我在心里默默算着：$200 \times 5 = 1000$，那就是一步等于 5 分米，一步也等于 50 厘米咯。哈哈，原来长度单位也可以用"步"来表示，我很兴奋，又学到了新知识。爸爸还在继续往前爬，我又纳闷了：爸爸的"一步"那么大，我的"一步"应该小些，不可能都是 5 分米吧。于是，我跟爸爸约好，下午一起去嗣同路小学的跑道上测量我和爸爸的"一步"到底是多少。

吃完中饭，我和爸爸来到学校的跑道上测量。我们沿着跑道最里面的内圈走了一圈。我走了 320 步，爸爸走了 280 步。体育老师说过，内圈 140 米，我和爸爸算了一下，爸爸的一步约 50 厘米，我的一步约 43 厘米。这下我就更糊涂了，每个人的"一步"都不一样，为什么要说 100 米等于 200 步呢？"步"到底是不是标准的长度单位呢？爸爸摇摇头，也不知道怎么回答我，于是我们决定到网上去查找资料。

通过网上查询得知，"步"在古代是一种长度单位，历代不一，周代以八尺为一"步"，秦代以六尺为一"步"。我还知道，由于人的高矮不一样，每个人的一步长度也不一样，所以测出来的结果就会差别很大。"步"在我们的实际生活中使用起来也很不方便，所以，后来就被淘汰了。现在我们用的长度单位是国际单位，是全世界都可以通用的。

今天爬西湖山真是太有意义了，我们不仅锻炼了身体，还学到了关于长度单位方面的新知识。你看，生活处处有数学，我真的越来越喜爱数学了。

[作者姓名：李思恩　指导老师：吉锋雷]

[作品赏析]

　　小作者用数学的眼光观察生活，从指示牌上的"100 米，您已步行 200 步"开始，探究生活中的"一步"与长度单位之间的关系，利用单位换算得出 1 步等于 50 厘米后，又质疑大人的一步与小孩的一步应该有区别，于是在学校操场上实地测量，得出爸爸的一步约 50 厘米，自己的一步约 43 厘米。并通过上网查阅相关资料，进一步了解了"步"的数学历史，终于明白了教科书为什么不用"步"作单位的原因。

  小作者将生活用语与数学概念进行比较，并不断质疑和验证，真是撰写数学日记的好方法，你也可以学学哦。

# 12

# 小支出大感悟

（适合中、高年级阅读）

现在，我们每个孩子都是爸爸妈妈心中的宝贝，被爸妈照顾得很好，衣食无忧。所以从来都不知道每一分钱是怎么来的，更不知道自己一学期要花掉父母多少血汗钱，只知道每天想吃什么就买什么，想玩什么就玩什么。

今天，我早早地完成了作业，觉得很无聊，就算了算我一学期的开支。

首先是学杂费 700 元，文具用品费大约 100 元，就是 800 元；如果每顿饭钱约 5 元，每月在家吃饭 70 餐，一学期 5 个月，共要 1750 元；然后是交通费用约 500 元；还有牛奶钱每周 30 元，20 周，就是 600 元；水果零食钱约 250 元；衣服鞋袜 500 元左右；小痛小病的医药费估计 200 元。总计一学期就是 4600 元。

哇！真是不算不知道，一算吓一跳。原来我一学期至少要花掉爸爸妈妈将近 5000 元钱啊！那要是稍微不注意身体健康和交通安全，还总要求爸妈给我买这样那样的玩具、零食或名牌衣服，岂不是会要花掉爸妈更多的钱吗？这样将会给爸妈造成更大的经济负担。想到这里，我不由得替爸妈深深地担忧起来，他们本来就收入不高，以打工为生，身体又越来越弱，但为了让我好好读书，健康快乐地成长，从来都是对我有求必应。所以我以后一定要努力学习，保护好身体，尽量地勤俭节约一点，不让爸爸妈妈为我的学习和生活操更多的心，并且争取以优异的成绩来回报他们的养育之恩！

另外，我们的时间也一样。如果把每天浪费的时间加起来，一学期、一年、十年、百年，每个人的一生又会要浪费多少的光阴啊！所以我决定：以后不但要努力学习，勤俭节约，还要珍惜时间，争取让每一天过得既充实又有意义！

[作者姓名：谭奥麟　指导老师：何树圣]

**[作品赏析]**

　　小作者的文章源于生活，真实贴切，有理有据，入情入理。文章有序地记述了自己一个学期的支出，并从中感悟到父母养育子女的艰辛，语言流畅，层次清晰。写法上以小见大，含蓄隽永，意味深长。小作者的文章充分告诉我们：数学在生活中无处不在，它能让我们更理性、更幸福地生活。

13

# 生活中的"比"

（适合高年级阅读）

虽然是秋天，午后的太阳还是火辣辣的，天空中的云，像海边被风吹皱的沙滩，静静地浮在那里，白得耀眼。

午后，学校举行了篮球赛，比赛很激烈，比分很接近，整个操场已成为人的海洋，同学们的加油声、欢呼声和掌声已响彻校园，最终我们三班和一班的比分是 40∶20。

这时，我脑中闪过一个想法："40∶20，这不就是我们刚学完的比吗？"但又觉得这个想法有哪里不对。思考一阵后，我问了一下站在旁边的老师。

老师说："40∶20 表示的是比赛双方的得分情况，这里比号只表示分隔，三班得 40 分，一班得 20 分，相差 20 分，表示一种相差关系。"

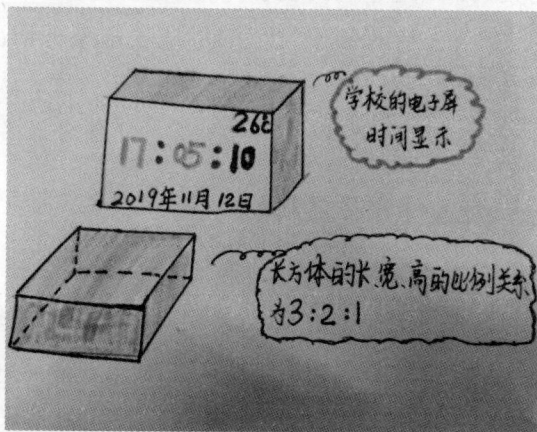

哦，相差关系吗？我记得我们数学老师说，数学中的比是一种相除关系。那比分就不是我们数学中所学的比吗？

我心想：如果是数学中的比，那就可以进行化简的。数学中的比 40∶20，通过计算，用比的前项 40 除以比的后项 20 等于 2，2 是这个比的比值。比赛中这样算似乎毫无意义呀！

第五版块　数学视角观生活　　169

我们还学过：比值表示一个具体的数值，可以用小数、分数或者整数来表示。比如 15:20，可以化简为 3:4，也可以写成分数 $\frac{3}{4}$ 或者小数 0.75。比赛中的比分完全没有这意思呀！

还有重要的一点：数学中的"比"，体现的是一种相除关系，比的前项和后项是不能随意交换位置的。并且比的后项相当于除数，后项不可以为 0。而比赛中的比分可以是 0:0，表示比赛双方的得分都是 0 而已！两队交换位置时，这两个数也可以交换位置，完全不会影响我们对比赛得分的理解。

通过一一对比分析，我恍然大悟，球类比赛中的"比"并不是数学中的"比"，比赛结果要体现双方得分的多少，是相差关系；数学中的"比"要体现一个量是另一个量的几倍（或几分之几），是相除关系。

这两个看似相同的比，原来根本就不是一回事呢！那生活中还有这样的"比"吗？

在我最困惑的时候，我刚好看到了学校电子屏上显示的时间 17:05:10。突然，我想到数学中我们也见过这样的比，如长方体的长、宽、高的比为 3:2:1。虽然这个时间也是采用比的形式显示的，但它可不是"比"，他们之间并没有倍比的关系，只是分别代表了时、分、秒而已。

生活中，有时会用"比"的形式表示某种情况，这个"比"和数学中的"比"的意义不同，我们应该牢记"比"的真正含义，认真辨别，这样才不会混淆。

[作者姓名：邓欣雨　指导老师：朱传奇]

[作品赏析]

小作者细心观察学校班级篮球比赛的比分，引发了一系列的数学思考。她通过请教老师、回顾所学，运用所学知识的概念进行一一对比分析，发现球类比赛的"比"是相差关系不可化简，而数学中的"比"是相除关系。之后还进行了延伸性的思考，电子表上表示时间的时、分、秒，有"比"的外形，但不具备数学学习中"比"的内涵。

小作者富于联想、乐于探索、勤于思索、坚持求真的学习品质，值得我们好好学习。

## 14

# 快乐的"小鱼儿"

（适合中、高年级阅读）

一夜之间，浏阳街头新增了一道亮丽的风景线——"小鱼儿"电动车。它喜庆的红色、小巧的车身和时尚的外观吸引了许多市民的关注，我也对它进行了深入的"研究"。

"小鱼儿"采用锂电池供电。锂电池的使用寿命要比普通电池长，并且在行驶的过程中零排放，不会污染环境，它还能将行驶中的动能转化成电能，实现能源循环使用，达到节能的效果。而汽车和摩托车在行驶过程中会直接排放大量的一氧化碳、碳氢化合物等废气。一辆未改造过的机动车一天的废气排放量大约为 600 克，按一年 365 天计算，一年会排放多少尾气呢？$600 \times 365 = 219000$（克）。据不完全统计，我国现有机动车约 3.22 亿辆，一年排放的废气简直是一个天文数字！所以，"小鱼儿"是比较环保的交通工具。

"小鱼儿"最大的优点是便捷。所有使用智能手机的人只要下载"小鱼儿出行 APP"扫一扫车上的二维码，扫码后就会弹出一个信息框，知道这辆车还有多少电量，大约可骑行多少千米，通过这些信息让我们选择是否开锁，不用担心半路没电。

"小鱼儿"电动车还很实惠。以妈妈上班为例：一个月上 26 天班，坐出租车一趟需要 7 元，一天 2 趟就要 14 元，一个月 364 元。而骑"小鱼儿"，会员一趟 2 元，一天来回 4 元，一月只要 104 元。可见，每月可节约 260 元，日积月累，一年则可省下 3120 元。

"小鱼儿"电动车还省时。上次我们一家三口做过实验，爸爸和我从家开车去北正西，交通堵塞，找不到停车位，结果花了 32 分钟，而妈妈骑"小鱼儿"只花了 15 分钟。

"小鱼儿"电动车既环保、节能，又便捷、省时，真是一种绿色低碳的出行方式。生活中我们多用这种方式出行，就会更好地保护地球妈妈，蓝天白云必会常现。

[作者姓名：马浩翔　指导老师：邱高辉]

[作品赏析]

　　小作者独具慧眼，能用数学原理分析生活现象，并从实践中体会学习数学的价值。他通过计算废弃排放量、可行路程、骑行时间和了解动能转化为电能等物理知识，得出"小鱼儿电动车"环保、节能，又便捷、省时的特性。

　　整篇日记结构完整、语通字顺，运用列数字、打比方、作比较等多种方法进行写作，并渗透强烈的环保意识。真是妙笔生花，情理相融。

# 15

# 金子般的猪肉

（适合中、高年级阅读）

这段时间物价总在猛地往上飙，尤其是我最爱吃的猪肉。这几天总听见妈妈在抱怨："唉，今天的猪肉又涨价了，现在的猪都是金猪转世咯！"

我好奇地问妈妈："妈妈，现在的肉很贵吗？以前我们桌上都是一大盘一大盘的肉，为什么现在肉变得极为稀少了？就拿你今天做的红萝卜炒肉来说吧，那就好比猪往胡萝卜地里跑过——没留下任何痕迹，只余下一点点味道……"

妈妈告诉我，今年"非洲猪瘟"严重，没生病的猪十分稀少，物以稀为贵，才造成猪肉价格猛涨。我又问妈妈："以前的价格和现在的价格区别很大吗？"妈妈回答："以前的猪肉一般每斤 12 元，现在已上涨至每斤 34 元了。"

天哪，才过去三个月，单价就涨了 22 元，现在的价格已经是原来价格的283.3%，这个涨势实在是令人震惊啊，猪肉变得这么贵，难怪现在餐桌上基本都是素菜了。

之后，我又去隔壁养殖户家进行调查。发现现在猪肉的毛价都上升了不少，以前每斤 4 至 5 元的毛价，现在窜升至 20 多元，这价格直接翻了 4 至 5 倍！以前一头猪的毛价有可能还不到 2000，现在就不同了，买一头 300 斤左右的猪要 6000 多元。6000 多元啊！也就是说，以前一整只猪的价格还不到现在价格的三分之一。以前养猪，一头猪只能赚四五百元，仅养家糊口；现在养猪，只要猪没发病，一头猪就能狂赚两三千，是以前的好几倍呢！

通过查找资料和调查了解，我总结了猪肉价格上涨的三个原因：

一是我国虽和非洲隔着千山万水，但部分地区还是受"非洲猪瘟"影响，生猪产量直线下降。感染性极强的"非洲猪瘟"，只要一头猪得病，周围的猪都会被感染，导致大群大群的猪死亡，这也导致大多数养殖户都不敢大量地养猪。

损失十分惨重。

二是现在市场流通的猪肉必须通过重重检测才可以出售。猪的这些检测程序严谨细致，也增加了养猪成本。

三是因为环保执法的严格要求，好多生猪养殖场被关停。生猪的供应跟不上需求，所以价格就上涨。

妈妈说现存的生猪养殖场都十分谨慎。因为全国有近三分之一的猪是被人所携带的病菌感染得病的，为了避免猪瘟的发生，买猪的人都不让人进猪圈，直接通过视频挑选生猪。

唉，真希望猪瘟快点过去，猪肉价格快点跌下来，让我们吃到放心的猪肉。

[作者姓名：罗智轩　指导老师：肖赛]

## [作品赏析]

小作者发现自家饭桌上的猪肉越来越少了，就开始关注猪肉价格的问题。除了妈妈简单介绍的猪肉涨价的原因，他还走访养猪户进行调查，上网查询资料；通过分析和总结，一篇以社会热点话题——"猪肉涨价"为主题的数学日记就诞生了！

这篇文章写得幽默有趣，又言之有理。秘诀在于：小作者能以数学的眼光，通过百分数、倍、分数的形式呈现现在价格与之前价格的比较结果，让读者直观地感受猪肉价格涨势之猛；同时，作者还通过调查分析，发现了猪肉涨价的背后原因。真是一个喜欢问为什么，而且会去回答为什么的孩子！

我相信，作为小读者的你，只要学会思考生活中的问题，并尝试用数学的眼光分析问题，也一定会写出这么有趣的数学日记！

## 16

# 小小电费单，藏有大学问

（适合高年级阅读）

学习了小数乘除法的知识后，王老师布置了一个实践作业：收集水电费账单进行研究学习。回到家，我便从爸爸手机上翻出以往的电费单，准备算算我们家的电费单价是多少。通过收集，我将最近半年的月用电量用统计表列了出来：

| 电费年月 | 当期电量（度） | 当期电费（元） |
|---|---|---|
| 201811 | 102 | 59.98 |
| 201810 | 134 | 78.79 |
| 201809 | 336 | 204.37 |
| 201808 | 309 | 187.14 |
| 201807 | 139 | 81.73 |
| 201806 | 101 | 59.39 |

根据我在课堂上学习到的知识，我用电费除以用电量，立刻求出了 11 月份电费的单价，$59.98 \div 102 = 0.588$（元）。嘿嘿，我骄傲地跟爸爸说，我算出了一度电的价格。爸爸笑了笑，要我继续算 10 月份，9 月份的。呃，问题出现了，为什么算出来的单价不一样呢？我纳闷了，于是我点开 9 月份的电费详单，发现如下的表格：

| 201809 | 336 度 | 204.37 元 |
|---|---|---|
| 阶梯档位 | 电量 | 电费 |
| 一档阶梯 | 336 | 197.57 |
| 二档阶梯 | 136 | 6.80 |
| 三挡阶梯 | — | — |

用电量和电费我都知道，可这一档阶梯336，二档阶梯136是什么意思呢？我左思右想，用已学知识算：难道二档阶梯的电费单价只要0.05元？正当我摸不着头脑的时候，一旁的爸爸笑着摸着我的头说："为了培养人们节约资源、保护环境的意识，国家规定居民用电采用阶梯方式来计费，分为三个阶梯段。根据用电量的不同，单价逐级增加，目的是让人们养成节约用电的良好习惯。"

三个阶梯段？那每个阶梯段怎么计费呢？二档只要0.05元每度吗？带着疑问我上网查询了相关知识：阶梯供电是针对每户（4人以下，5人及以上另有规定）每月用电的，具体如下：

居民生活用电阶梯电价方案

| 分档 | 每户每月用电量（度） | 电价（元/度） |
|------|------|------|
| 第一档 | 200 | 0.588 |
| 第二档 | 200～350（春秋季） | 0.638 |
| | 200～450（冬夏季） | |
| 第三档 | 350以上（春秋季） | 0.888 |
| | 450度以上（冬夏季） | |

看到这，我好像明白了，9月份超过一档电量有136度，这136度每度要在第一档的基础上加收0.05元（即这136度按照0.638元/度收费），所以才会有第二行的收费信息。接着，我用自己的发现将后面几个月的电费都计算了一遍，发现都对上了。我心里别提有多开心了，原来生活中处处都有数学，数学的用处真大。

虽然是一个简单的阶梯电费的问题，却让我思考了很多。爸爸说，以前每户家庭每月都会收到纸质的电费单据。近年来，国家为了倡导节能减排，不再发放纸质单据，只需在电脑上、手机上就可以查看账单，有需要纸质的户主可以去营业厅自行打印。这样每年我们国家仅仅在这一方面就能节省巨大人力、物力和财力资源。

确实，环境污染越来越严重，保护环境势在必行。我们的生活用电，大多数还是需要用燃料燃烧放出的热量来发电，而这些燃料都是不可再生资源。因此，我们要牢固树立节约用电的意识，控制平时的用电量，为节能减排、保护环境贡献力量。

[作者姓名：胡茗威　指导老师：王海珍]

　　小作者有一双善于发现生活中数学知识的眼睛，他通过课堂上学到的小数乘除法知识想到家里的电费是如何收取的，进而产生了计算电费单价的想法。他学以致用，轻松算出了电费的单价，却又出现了另一个问题——阶梯电价，这引发了小作者更深层次的探索，通过自主思考和爸爸点拨，终于弄清了阶梯电价的计算方式。由此还了解到我国实行阶梯电价的背景以及可能对保护环境产生的积极作用，实现了从课堂知识到课外知识的拓展和延伸。

　　文章最后，小作者还不忘呼吁大家一起加入到节能减排、保护环境的行动中来，由此可见他是一个富于联想、勇于探索、善于整合而又有着强烈的社会责任感的新时代接班人。

第六版块

数学新知
乐探索

# 01

# "数学新知乐探索"写作指点

欢迎走进"数学新知乐探索"版块，顾名思义，这个版块的数学日记是以"数学新知"为依托的。这类日记以数学课堂上发生的事情或对所学知识的拓展为主要内容。这类数学日记该怎么写？下面，我将给你两点建议。

## 一、一题一议写数学课堂

数学课堂上可写的东西很多，比如：你在课堂上学到了什么，理解了什么，掌握了什么，还有哪些地方不清楚；你在课堂上是怎样思考的，怎样动手操作的；在小组合作时，你和同伴是怎样说、怎样做的，老师又是怎样指导的；或者谈谈你在数学课上有什么收获，有什么感受，等等。你只需结合自己的实际情况，选定一个你认为值得一写的内容，确定主题，然后紧扣主题，一题一议，或纯文字描述、或图文并茂，把数学课堂上发生的这件事呈现出来。

例如：李天昱小朋友在《会说话的百分数》这篇数学日记里用"对话"的形式真实记录了数学课上的一个小片段，让我们真真切切"听"到了"百分数"说的话，发自内心想去珍惜水资源。小作者在用朴实语言叙述的过程中，还融入了自己的情感，让读者多了一份思考，也感受到了人性的温暖。可见，单纯还原课堂片段还不足以架起作者与读者之间的情感交流桥梁，呈现时若能融入自己的情感会更容易引起读者的共鸣，也能让你的数学日记锦上添花。

《我发现了 9，99，999……的倍数的秘密》《探寻古代乘法的奥秘》等数学日记的小作者也都是以数学课堂上的所见、所闻、所感为主线，他们的谋篇布局都紧扣探究主题，思路清晰、语言精炼、用词严谨，写清楚了探究过程，并能在探究之后再进行归纳总结，让读者也跟随小作者一同经历了从"疑惑不解"到

"豁然开朗"的过程，感受到了数学之美。

## 二、别出心裁写课外拓展

除了写课内知识，还可以写对所学知识进行的"拓展"：写一写你学到了新的知识后，在生活中是如何运用的；写一写你是怎样探究比所学知识难度更大的习题的；或者你是怎样用不同于教材的方法解释所学知识的；也可以写你是怎样验证课堂上老师的某个说法的。除此以外，还可以分享你的课外新发现，比如：你在课外读物、网络等媒介上了解到了哪些有意思的数学知识；或者你验证自己或他人的某个突发奇想的过程，等等。

例如：《圆面积公式也可以这样推导》的小作者汪以恒就以所学的数学新知"圆转化成长方形推导圆的面积计算公式"为依托，打破常规，尝试将圆转化成三角形去推导圆的面积计算公式；《车轮一定是圆的吗？》的小作者汤其睿则被"圆的认识"这堂数学课上，老师展示的一张"自行车的三角形车轮"图片深深吸引，于是在好奇心的驱使下，到互联网上搜索"三角形车轮"的资料，并仔细研究理解其中的奥妙，用图片和文字相结合的方式有理有据地解说了"莱洛三角形"轮胎这一奇特现象；《神奇的折纸》的小作者于碧莲记录了自己用三张不同的纸，做了三次实验，验证了一个从《数学思维训练报》上读到的结论，并让读者信服一张纸对折九次基本上是无法做到的……在读这些数学日记时，我们的好奇心、求知欲在不知不觉中被调动起来，读完由衷感叹，数学真好玩。同时也被小作者们善于思考、勇于探究、坚持不懈的优秀学习品质感动着。

从上面的分析可以看出，要想写好拓展类数学日记，平时要多进行数学阅读，多积累数学素材，有了知识储备才能迅速将所学知识与储备知识相关联。组织材料时还要做到人"无"我"有"，人"有"我"新"，避免雷同，别出心裁，尽量给人耳目一新之感。

亲爱的小读者，你知道吗？写"数学新知"类数学日记，可以增强你对数学知识的感受和理解；可以促使你反思你的数学学习；可以延伸你思考的深度和宽度；还可以拓宽你的知识面。此外，数学日记也能让别人看到你理解数学的方式、思考数学的过程，从而让你的数学视界与他人有更多联系。读到此，你是否也跃跃欲试了呢？

# 02

# 会说话的百分数

（适合高年级阅读）

"百分数会说话吗？"今天的数学课上，当张老师将课题"会说话的百分数"板书在黑板上时，同学们傻眼了。

练习环节，张老师出示一组数据让大家选择合适的填空。其中第 3 小题是："地球上的水资源中，海水和淡水分别占多少？"

"海水是 97.3％，淡水是 2.7％。"同学们异口同声地回答。

"为什么前面两道题大家都有不同意见，而这道题大家答案都一致呢？"

李嘉程："因为这两个百分数加起来正好是 100％。"

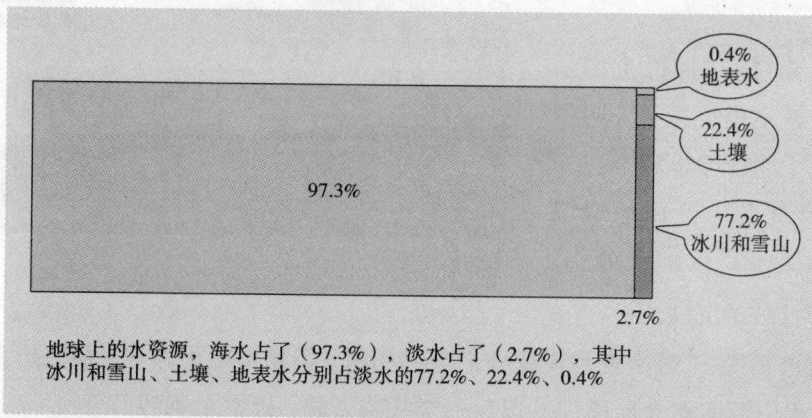

0.4%
地表水

22.4%
土壤

77.2%
冰川和雪山

97.3%

2.7%

地球上的水资源，海水占了（97.3%），淡水占了（2.7%），其中冰川和雪山、土壤、地表水分别占淡水的77.2%、22.4%、0.4%

"意思就是海水和淡水加起来就是地球上所有的水资源，对吧？所以这两个百分数加起来必须是100％。"张老师笑眯眯地说，"我想问一下，你们觉得海水能食用吗？"

"不能。"

"不错，有点常识，那请大家继续看图。"张老师用课件出示上图后问道，

"海水在哪？淡水在哪？"

"哇，淡水那么少。"同学们惊讶了。

可张老师继续说道："我又找来了三个百分数（77.2%、22.4%、0.4%），在淡水当中，有77.2%藏在冰川和雪山上，有22.44%藏在土壤里，这部分水暂时能食用吗？"

"不能。"

"对，至少现在还不能直接食用，所以真正够我们食用的就只有那0.4%，大家有什么感觉吗？"

"太少了！"有同学张大了嘴巴。

"不过你们又想多了，因为这0.4%当中目前已经有67.8%被污染了。"张老师无疑丢下了一颗炸弹，"现在谁来说说，看了这些百分数你有什么感受？"

"我怀疑自己听错了，淡水实在是太少了。"余策抢先说道。

鲍雨婷说："难怪电视上经常说要节约用水。"

"对，广告上曾经有过一句经典的名言叫什么？"张老师又发问了。

"地球上的最后一滴水是我们的眼泪！"彭佳玉轻声说道。

话音刚落，课件上出示右图。教室里沉默了，同学们陷入了深深的思索中。

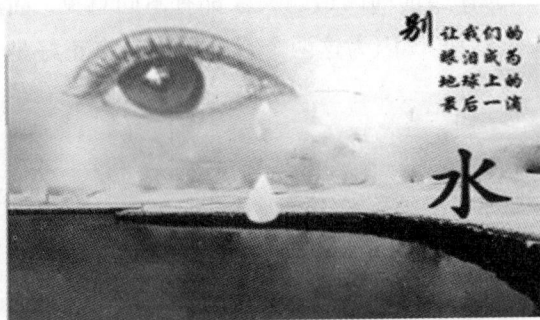

"孩子们，现在又想说点什么了吗？"过了一会儿，张老师打破了沉默。

曾可嘉说："每次老师说要我们节约用水，我总不以为然，现在想想真不应该，淡水资源实在太珍稀了。以后一定从我做起，珍惜水资源。"

"我回家后一定告诉爸妈要节约用水，家庭生活用水可以再利用，如淘米水可以浇菜，洗衣水可以冲厕所……"王宇凌侃侃而谈。

课后，我脑海里总在回放着课堂上的情景，甚至怀疑张老师是环保部门的"托"，环保部门或广告公司应该找张老师做"节约水资源"的代言人。课堂上，张老师没有给我们讲大道理，而是列举了一组百分数，通过数形结合的方式，让我们在信息面前做出应有的判断，给我们以启迪和感染，让我们真真切切地感受水资源的缺乏，使我们发自内心地想去珍惜水资源，这种"润物细无声"的教育，胜过父母及以往其他老师千百句谆谆教诲，无形中让我们感受到了数学的魅力。

原来，当我们联系到生活实际，每一个百分数都不再是枯燥的数据，都能够和我们"对话"，都在向我们传递着丰富的信息。只要我们多一份思考，在数学王国，我们定能享受到无穷的乐趣。

[作者姓名：李天昱　指导老师：张玉祥]

## [作品赏析]

"百分数会说话吗？"文章开篇设疑，迅速吸引读者的阅读兴趣。随后，小作者以"我"的所见、所闻、所感为主线，记录了数学课上的一个小片段：张老师用数形结合的方式，引导学生在信息面前做出应有的判断，让学生真真切切地感受水资源的缺乏，从而发自内心地想去珍惜水资源。张老师"润物细无声"的教育，让读者的质疑也得以释然。

更为可贵的是，文章看似朴实的描述背后隐伏着一条暗线，数学在传递情感态度价值观的教育过程中，同样承载着不可忽视的作用，一个个看似生硬的数字，一旦回到具体的"数境"中，都在传递着丰富的内涵与信息，只要读者用心感受就会发现数学不再是一个个冰冷、抽象的数据与概念，只要多一份思考，在数学王国，我们定能享受到无穷的乐趣，感受到人性的温度。

# 03

# 温故而知新——周长探寻记

（适合高年级阅读）

最近，我在美丽的数学沙滩上发现了一个含有珍珠的彩色贝壳，它的名字叫"圆的周长"。我很想把这颗珍珠拿出来，希望能够看到这颗珍珠的庐山真面目，就这样，我便开始了我的周长探寻之旅。

以前，我们学过像正方形、长方形这样的直线图形的周长，却没有学习过像圆形这样的曲线图形的周长。孔子曰：温故而知新。是不是可以通过以前学习的周长知识来探究圆的周长呢？我抱着这样的想法开始了我的周长探寻之旅。经过思考，我决定先从比较特殊的正方形开始，我先在纸上画了一个边长为 3 厘米的正方形，再在正方形里面画一个最大的圆。圆的直径也是 3 厘米。正方形的周长是边长乘 4，也就是 $4d$（如右图）。通过观察比较，可知圆的周长小于正方形的周长，也就是圆的周长小于 $4d$。

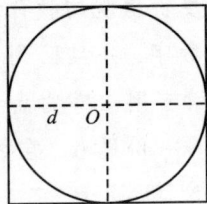

正方形周长=$4d$
圆的周长<$4d$

探究到这里，我在想，能不能把圆周长大小范围继续缩小呢？于是我请教了老师，老师问我："刚才在圆外画一个正方形，圆的周长被平均分成了几份呢？""四份。"我快速回答。说完我豁然开朗，我可以把圆平均分成更多的份数啊，分成 6 份会怎样？我继续操作，依次连接，在圆内构成一个正六边形，再依次与圆心连接，形成 6 个等边三角形（如右图）。通过观察图形，我发现正六边形的周长就是 $6r$，也就是 $3d$。由右图可知，圆的周长大于 $3d$。

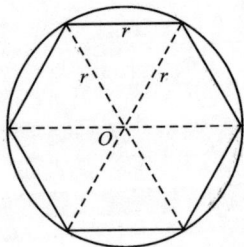

正六边形周长=$6r$=$3d$
圆的周长>$3d$

结合这两个结论，我发现圆的周长就在 $3d$ 和 $4d$ 之间，也就是说"$3d<$ 圆的周长 $<4d$"。

那圆的周长到底是直径的三点几倍呢？通过查阅书籍，我发现在很久以前，我国杰出的数学家祖冲之就研究了周长与直径的关系，发现任意一个圆的周长与它的直径的比值都是一个固定的数，我们把这个固定的数叫做圆周率，圆周率可以用字母 π 表示，它的大小大约是 3.14。根据圆的周长与直径的比值，我们可以得出圆周长的计算公式"周长＝圆周率×直径"。

回想自己探究圆周长的过程，我发现，在数学王国里面，图形与图形之间是紧密相连的，正方形、正三角形这些特殊的直线图形能帮助我们探究曲线图形。学习数学时，如果我们善于联系已学知识，建立新旧知识的联系，我们就能从中获得新的知识。正所谓温故而知新啊，以后我还要继续从已知出发，发现旧知和新知的内在联系，去习得更多的知识。

[作者姓名：罗紫萌　指导老师：雷瑶]

[作品赏析]

　　这篇日记是小作者对自己探寻圆的周长的过程的记录。在探究的过程中，小作者充分利用已学的直线图形的周长知识，方中画圆，将圆的周长平均分成四份，再观察比较，得到一个结论：圆的周长小于正方形的周长，也就是圆的周长小于 $4d$。在这个过程中，小作者探得了圆周长的上限；紧接着，小作者记录了将圆平均分成 6 份的过程，此时圆内形成了一个正六边形，通过添加辅助线，将其分解成六个正三角形，正六边形的周长就是 $6r$，也就是 $3d$。于是得到第二个结论：圆的周长大于 $3d$。在这个过程中，小作者探得了圆周长的下限。虽然两次操作小作者都没有得出圆周长到底是周长几倍的结论，却把周长的范围确定了，那就是圆的周长是直径的 3 倍多，这是一次既成功又精彩的学习体验，值得记录。

# 04

# 我发现了 9，99，999，…的倍数的秘密

（适合中、高年级阅读）

数学课上，老师带我们学习自然数 2、3、5 各数倍数的特征，又要求我们探究 9 的倍数的特征。我和小组的同学首先准备揪出几个 9 的倍数来，可这范围太大了，9 的倍数有无数个，怎么能一个个去探究呢？我忽然记起老师说过：很多大数学家研究数学问题时，都是先缩小范围，得出结论后再扩大范围进行验证。于是我准备先在 1～100 的数里进行探究。

通过乘法口诀，我们找出了 11 个 "9" 的孩子：9、18、27、36、45、54、63、72、81、90、99。我们看了看，发现每九个相邻的自然数中就会有一个 "9" 的倍数。找好数，下面就该提出猜测了。黎茂林首先提出来：9 是 3 的倍数，3 的倍数的个位上的数字是按 "奇偶奇偶" 的规律依次重复出现，且与十位上的数字相加后仍能被 3 整除，那么 "9" 的倍数能不能按 3 的倍数的规律进行猜想？

我们一起研究发现：$1+8=9$，$2+7=9$，$3+6=9$，$4+5=9$，$5+4=9$，$6+3=9$，$7+2=9$，$8+1=9$，$9+0=9$，$9+9=18$ 确实是这么回事，可是光这么下定论还不行，还得验证啦！

我们又开始验证了！同学们写了以下几个数：$9=1+3+0+3+2$，$9 \div 9=1$，$13032 \div 9=1448$，通过。$18=2+4+5+3+4+0+0$，$18 \div 9=2$，$2453400 \div 9=272600$，通过！$27=9+3+0+9+6$，$27 \div 9=3$，$93096 \div 9=10344$，通过！举了三个例子，全都成功！因此，我们的想法是正确的！结论：各个数位上的数相加的和是 9 的倍数的自然数，就是 9 的倍数。

老师笑了，问："你们知道这是什么原因吗？" 我们都摇了摇头。接着，老师从另一个方面启发了我们：例如，93096 是一个上万的数，其中从左数第一个数字 9 代表 90000，数字 3 代表 3000，第二个数字 9 代表 90，而 $9+3+0+9$

+6 与原数之差为 $9 \times (10000 - 1) + 3 \times (1000 - 1) + 9 \times (10 - 1)$，而 $10000 -$ 1、$1000 - 1$、$10 - 1$ 都是 9 的倍数，也就相当于在原数的基础上减掉了 9 的倍数，因此如果一个数所有数位上的数字和是 9 的倍数，加上原数与这个和之差，利用乘法分配律的逆运算，可以知道原数也会是 9 的倍数。

爱动脑筋的黎茂林又提出一个问题："那 99 也是 9 的倍数，我们也可以用这种方法吗？"我们试着演算了一下，发现：所有数位上的数字加在一起是 99 的倍数的数，不一定是 99 的倍数。老师笑了笑，问："你们有没有发现 9 和 99 虽然各个数位上都是 9，但它们还有什么不同之处呢？"通过老师的提示，我们发现了：9 是一位数，而 99 是两位数。

老师让同学们各自进行猜想并验证，忽然我灵光一闪：9 是一位数，而 99 是两位数，那我可不可以把要验证的数按两位一段分好，然后再相加试一试呢？于是，我找了好几个 99 的倍数：198、49896、984951，通过演算，我发现我的想法是对的。然后我又要同学随手写了几个大一些的数，其中有是 99 的倍数的数，也有不是 99 的倍数的数，通过检验，我惊喜地发现，我的猜想是对的。后来，我和几个同是兴趣小组的同学们一起研究这是为什么，我们按老师的方法，发现把大数从个位开始，每两位为一段"割开"，如果这些"割开"的数之和是 99 的倍数，那么这个数就是 99 的倍数。

我们把自己的发现告诉老师和同学。这下，班上的同学们好像炸开了锅。大家纷纷说我们小组的同学好厉害。有的同学也兴致勃勃地提出来：我们去看看 999 的倍数，是不是也会有这样的规律吧。然后全班的同学都检验起来，有的同学甚至还探究了 9999 的倍数的规律。结果我们发现，一个很大的数是不是 99…9（n 个 9）的倍数的规律：一个很大的数，从个位开始按每 n 位"割开"成一些小一些的数，如果这些数的和是 99…9（n 个 9）的倍数，那么原数（那个很大的数）就是 99…9（n 个 9）的倍数。

这时全班同学都乐开了花，沉浸在成功的喜悦中，老师也表扬了我们积极思考、善于合作的精神。这次探索仅仅是我们数学学习航程中的一朵小浪花，但它使我明白了，有付出才有收获，只有大胆猜想，努力探究，我们才能发现科学世界那许许多多有趣的奥秘！

[作者姓名：张文钰　指导老师：谭利平]

这篇数学日记的小作者能抓住探索的主要目的，有详有略地进行描述，谋篇布局都紧扣探究主题，思路清晰、语言精炼、用词严谨，写清楚了探究过程，并能在探究之后再进行归纳总结，让读者也跟随小作者一同经历了从"疑惑不解"到"豁然开朗"的过程，感受到数学之美。小作者及他的同学们善于思考、勇于探究、坚持不懈的精神也值得我们学习！

# 05

# 天下难事，必作于易

（适合中、高年级阅读）

一天，妈妈给我出了一道题：$1 \times 1 = ?$ 我心里暗自发笑，心想：亏妈妈还是高中毕业，竟然提出这么幼稚的问题。于是我心不在焉地说："$1 \times 1 = 1$。"妈妈又问我 $11 \times 11 = ?$ 好在我口算能力还强，马上回答："121。"妈妈好像还不满足似的，又问 $111 \times 111 = ?$ 我一下愣住了。这次口算不出来怎么办？只好拿起笔在演算纸上算。左算右算，我突然发现没学三位数乘三位数，只好借助计算器算出答案是 12321。妈妈发现后继续要我算 $1111 \times 1111 = ?$ 但不能使用计算器。我听后心里一惊：该怎么算呢？我抓耳挠腮，百思不得其解，妈妈看我这副模样便指点我：从前面三个算式的乘积去找规律。于是我把三个算式写成一列：

$$1 \times 1 = 1$$
$$11 \times 11 = 121$$
$$111 \times 111 = 12321$$

我仔仔细细地把每一个算式的积看了又看，又把它们的积逐一对比，好像有那么一丝丝头绪了，心想：$1111 \times 1111$ 应该等于 1234321。为了验证答案是否正确，我使用计算器进行验算。咦？对了！我手舞足蹈地冲妈妈大叫："终于找出规律来了！"原来：每一个因数中数字 1 的个数有几个，积的排列次序就从 1 排到几，再倒回来到 1。妈妈还告诉我这些算式的积都是回文数，也就是一个数从左边和右边开始念完全相同。接着我又很自信地继续写出几个这样的算式：

$$1111 \times 1111 = 1234321$$
$$11111 \times 11111 = 123454321$$
$$111111 \times 111111 = 12345654321$$
……

我还能继续往下写呢！

我不仅找出了这些算式的规律，还学会了用以小推大的方法做题。正当我得意之时，妈妈又给我出难题了：$999999 \times 999999 = ?$ 这次我并没有急于用计算器，于是静下心来，冥思苦想，终于受到前面几道算式的启发，心想：6 个 9 乘 6 个 9 等于多少，太繁琐了。应该先简化一下算式，先算 $9 \times 9 = ?$ 再算 $99 \times 99 = ?$ 接着算 $999 \times 999 = ?$ 以此类推，最后得出 $999999 \times 999999 = 999998000001$。这些题的结果都以 1 结尾，分别以数字 98、998、9998 开头，中间添 0，0 的个数是算式中一个乘数里 9 的个数减 1 得来的。我立马把这个规律告诉了妈妈，这时妈妈的脸上露出了灿烂的笑容。

望着演算纸上密密麻麻的字迹，我不禁欣慰地想：在我的不懈努力下，我不仅学会了运用"以小推大，化繁为简"的数学方法解决数学问题，还明白了，天下难事，必作于易。

[作者姓名：李思颖　指导老师：陈海平]

[作品赏析]

在数学王国里有许多有趣的算式，在这篇数学日记中，小作者带我们一起探索了一些算式的奥秘。整篇日记构思巧妙，思路清晰，语言生动，并穿插了很多心理描写。从对计算 $1 \times 1 = ?$ 的不屑一顾，到探索出 $111111 \times 111111 = 12345654321$ 的兴奋不已，再到自主探索 $999999 \times 999999 = 999998000001$ 的欲望；从最初的疑惑不解到最后的豁然开朗，可以看出思颖同学是个善于观察、爱动脑筋、勇于挑战困难的好孩子。在经历了"观察——发现——推理"的探索过程后，"以小推大，化繁为简"的数学方法不知不觉植入了小作者的心底。我们读完也能感受到数学是那么有趣，数学是那么好玩。

# 06

# 探寻古代乘法的奥秘

（适合中、高年级阅读）

在今天的数学课上，吴老师带我们穿越时光隧道，一起探寻了古代乘法的奥秘。

老师告诉我们：500 多年前，一种名为"格子乘法"的计算方法传入我国，明朝的《算法统宗》一书中记录了这种算法。人们发现，在地上计算时那密密麻麻排列的结果，犹如锦缎上密织的精美图案，因此人们给它取了个更好听的名字——"铺地锦"。

"格子乘法"是怎么算的呢？下面我以 $46 \times 75$ 为例，来破译这种计算方法吧，如图1。

第一步，画一个两列两行的表格（如果是三位数乘两位数就画一个三列两行或两列三行的表格），用斜线将方格一分为二。

第二步，把因数 46 和 75 分别写在表格的上方和右边，注意每个数字对应一个方格。

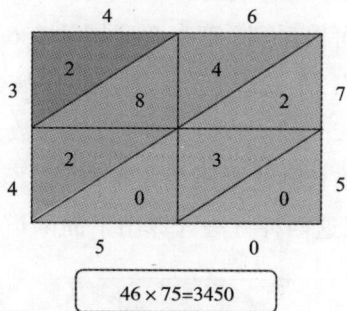

$46 \times 75 = 3450$

图1

第三步，将因数 46 和 75 每个数位上的数分别相乘，如：$6 \times 7 = 42$，将 42 写在 6 和 7 对应的方格里，以此类推，将其他数位相乘的积都填在相应的方格中（如果两个因数相乘的积是一位数，注意要在相应方格的左半格用"0"补位）。

第四步，将每一条斜行上的数分别相加。从右边起，第一斜行的 0 落下，代表个位；第二斜行，$2+3+0=5$，代表十位；第三斜行，$4+8+2=14$，百位写 4，满十进一；第四斜行，2 加上进位 1 得 3，3 写在左上方代表千位。答案出来啦，$46\times75=3450$，格子乘法是不是很神奇？

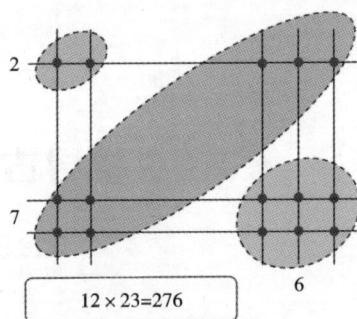

$12\times23=276$

图 2

探寻完格子乘法的奥秘，吴老师还带我们穿越到了古印度，古印度流行一种叫"画线算"的方法。画几根横线和竖线就能计算出乘法的积，这种算法大家听说过吗？下面我以 $12\times23$ 为例来破译这种算法吧，如图 2。

第一步，从上往下，画一组横线，分别为 1 根和 2 根，中间隔开，表示 12。

第二步，从左往右，画一组竖线，分别为 2 根和 3 根，中间隔开，表示 23。

第三步，在横线和竖线交叉的地方标上点，将这些点分为三个区域，右下方为第一个区域，右上方和左下方为第二个区域，左上方为第三个区域。

第四步，将每个区域的交叉点数出来，得数分别写在每个区域的外面。从图中可以看到，第一个区域共有 6 个交叉点，6 代表个位，第二个区域共有 7 个交叉点，7 代表十位，第三个区域共有 2 个交叉点，2 代表百位。瞧！答案出来啦！$12\times23=276$。这种算法与数交叉点有关系，因此也叫"数交叉点法"。

古代乘法是不是很神奇？大家想不想体验一下？试试用"格子乘法"和"画线算"这两种方法计算出下面两道乘法算式的积吧，欢迎大家和我一起挑战！

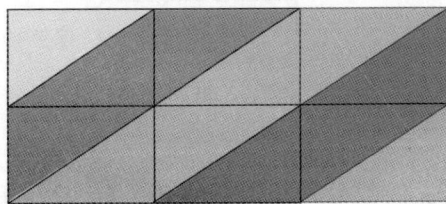

$357\times46=$

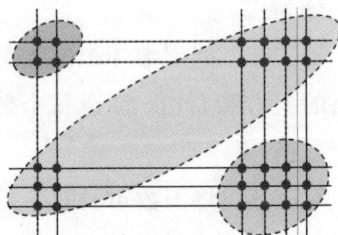

$23\times24=$

[作者姓名：张可馨　指导老师：吴小珍]

　　这是一篇关于探索新知的数学日记，日记中，小作者记录了四年级上册一节有趣的数学课——探寻古代乘法的奥秘。整篇日记构思巧妙，思路清晰，语言简洁精炼、用词严谨、通俗易懂。文章开门见山，直奔主题，围绕主题，小作者以图文并茂的形式向我们介绍了两种古代乘法——格子乘法(中国的"铺地锦")和古印度的"画线算"，让我们感受到了古代乘法的神奇和古人们的智慧。计算是人类文明发展的一盏明灯，对人类的发展起着不可磨灭的作用，随着科技的飞速发展，"大数据""云计算"已进入我们的生活，相信只要努力学习，不久的将来，聪明的你也能用智慧给世界带来更多的神奇。

# 07

# 我和 $0.\dot{9}$ 的故事

（适合高年级阅读）

最近，我迷上了循环小数，说起来主要是因为那个神奇的 $0.\dot{9}$。

记得那天数学课上，汤老师在黑板上写了 $1\div9$，$2\div9$，$3\div9\cdots7\div9$，要求我们计算前三个，并根据前面三个的结果直接写出后面的商。我拿出笔唰唰唰地开始了，不一会儿，我就发现了，第一个商是 $0.\dot{1}$，后面依次是 $0.\dot{2}$，$0.\dot{3}\cdots$ $0.\dot{7}$。完成后，我就想着照样子再写两个，于是我写了 $8\div9=0.\dot{8}$，$9\div9=0.\dot{9}$。咦，$9\div9$ 不是等于 $1$ 吗？要是按这个规律继续写为什么会等于 $0.\dot{9}$ 呢？

太不可思议了，难道 $0.\dot{9}$ 会和 $1$ 相等？

我像发现了新大陆一样，激动地叫："老师、老师，出问题了！出问题了！"

"什么问题？"汤老师走过来，摸摸我的头笑着问我。

我把我的疑惑告诉了大家，顿时，教室里炸开了锅。

"$0.\dot{9}$ 肯定小于 $1$！"

"确实奇怪，哪个环节出错了？"

"老师，$0.\dot{9}$ 到底等不等于 $1$？"

……

等到教室恢复平静后，汤老师说："同学们，$0.\dot{9}$ 和 $1$ 的大小比较是一个很有名的数学问题，我们要向梁亦辰学习，善于观察、善于发现、主动思考。我们现在就来验证验证，$0.\dot{9}$ 和 $1$ 到底相不相等。"

接下来，老师教我们用几种方法来证明 $0.\dot{9}=1$。

首先，$1\div3=\dfrac{1}{3}=0.\dot{3}$，而 $3$ 个 $0.\dot{3}$ 是 $0.\dot{9}$，$3$ 个 $\dfrac{1}{3}$ 是 $1$，所以 $0.\dot{9}=1$；其次，$0.\dot{9}$ 和 $1$ 之间我们无法找到一个比 $0.\dot{9}$ 大而又比 $1$ 小的数，综上所述，所以 $0.\dot{9}=1$。

回到家，我把这件事告诉了爸爸，爸爸说："不可能，$0.\dot{9}$ 肯定小于 1。"

"唉，没文化，真可怕！"我装模作样地说。

"要是你能说服我，我奖你 200 元，否则，你就从你的小金库里拿 200 元给我。"

"真的？不许反悔哦！"我立马应战，从书包里拿出笔和本子，将白天老师教我们的知识现学现卖地讲给爸爸听，结果嘛，我攥着 200 元乐了一个晚上。

听完我和 $0.\dot{9}$ 的故事，你们可别笑话我。我虽然是个小财迷，但我的志向可不小，我的理想是学好文化知识，为我们的国家创造更多的财富！

[作者姓名：梁亦辰　指导老师：汤爱兰]

## [作品赏析]

小作者详细描写了发现"$0.\dot{9}$ 会等于 1 吗"这一问题的过程。问题是任何科学探究的起点，一个不会发现问题的人是无法真正参与到探究活动之中的，爱因斯坦也说过："发现和提出一个问题比解决一个问题更重要！"
"$0.\dot{9}$ 会等于 1 吗？"这一问题提出后在教室里"炸开了锅"，思维风暴过后，汤老师的精彩解答就显得顺理成章、事半功倍了。更精彩的是小作者学以致用，成功赢了爸爸。整个故事跌宕起伏、寓情于理、妙趣横生、不可多得。机会往往是留给有准备的人，兴趣是最好的老师，这篇日记让我们看到了一个拥有"善于发现、乐于探究"的良好学习品质的孩子。

# 08

## 神奇的折纸

（适合中、高年级阅读）

《数学思维训练报》上有一篇文章，题目是"一张不能折九次的纸"，一下就把我吸引住了。文中说无论多大的一张纸，最多只能折八次。我心想不可能，这么大的一张纸，连九次都折不到吗？我要亲手试一试！

我撕下一张作业本大小的纸，折了起来，前几次还顺利，到了折第六次时，纸就只有一个瓶盖那么大了，第七次硬是折不了。我不信邪，找来一块砖头使劲砸，试图把折纸压平整一些。可第七次怎么也合不拢，还开着口，好像在嘲笑我一样。我想：一定是这张纸太小了，我得去找一张大纸来！

这次我用的是一张报纸——《长沙晚报》，心想：这次一定可以了。一次、两次、三次……一切都那么顺利，我得意地哼起了小曲儿。可折到第七次时又折不动了。没办法，我只好请爸爸来帮忙，可爸爸用尽力气也折不到第八次。怎么会这样？不行，这张纸太厚，得找张薄的试试。

我又找来了一张半透明的宣纸，心想：这张又薄又大的纸，一定可以折到九次。但是最终结果是最多折七次，第八次只能折一半，不能完全折过去、压平整。我不敢相信，又反复试了好几次，结果仍然折不了。

这究竟是为什么呢？我问爸爸，爸爸让我拿计算器算一下。我一算，第一次 2 层，第二次 4 层……第八次 256 层，第九次就是 512 层啊！而折第八次时，这张纸的厚度已经远远大于它的宽度了。由于纸的力学特征，在不撕裂纸的情况下，要对折九次，基本上是无法做到的。

原来是这么回事，我这才恍然大悟。

这虽然只是一次小实验，却使我懂得了一个大道理：要想得到科学的结论，不能凭空想象，而是要亲手尝试。每一个科学结论都是经过数十次、数百次，乃至上千次的尝试验证出来的。在求知的道路上，我们会听到各种各样的声音，想要得到真知，必须自己动脑、动手去实践。我们对待科学的态度，应该是认真的、严谨的，只有经过反复验证的结论，才有可能是一个令人信服的结论。

[作者姓名：于碧莲　指导老师：张芳]

## [作品赏析]

　　小作者在"折纸"前加上"神奇"二字，标题就深深地吸引了读者的眼球。日记大量采用生活中的口语来探求一个严肃的数学问题，使得这个数学知识自然亲切，并不那么晦涩难懂。日记语言细腻，生活气息浓厚，如纸折不拢，竟"找来一块砖头使劲砸"，妙趣横生。小作者的幼稚行为令人发笑，更引起读者思考：真的是这样吗？作者用了三张不同的纸，做了三次实验，结果都是一样，正如文中结尾所写：只有经过反复验证的结论，才有可能是一个令人信服的结论。而用计算器算出折"第八次256层、第九次512层"时，才让人豁然开朗，醍醐灌顶。小小的折纸蕴含着朴素的道理，读来令人深受启发，更能激起读者好奇心，让人忍不住想动手试试。

# 09

# 光年的秘密

（适合中、高年级阅读）

　　我是一个喜欢音乐的人，独自一人的时候，常常一边听听音乐，一边做做作业。妈妈为此经常批评我，说什么一心不能二用。可我觉得一边听着音乐，一边学习，很放松很惬意。

　　今天是周日，趁妈妈上班去了，我又打开了电脑。悠扬的音乐又飘荡在房间。"一转眼，一瞬间，一光年，一盏离愁燃尽了情焰。若能再遇见，却难拾流年，是谁偏在自缚作茧"——一首由音阙诗听和昆玉合唱的《雨中仙》听得我如醉如痴。嘴里不由自主地哼着"一转眼，一瞬间，一光年……"

　　一光年，一光年，一光年……什么是一光年呢？我不由得冒出了一个问题。"一光年？""光年应该是一个时间单位吧？""那一光年是多长时间呢？"我打开电脑百度了一下：光年是长度单位，用来计量光在宇宙真空中沿直线传播了一年时间的距离。我目瞪口呆！长度单位啊，不是时间单位！是光在真空中走一年的距离！那得有多长啊！我惊讶了。我知道光的速度是 30 万千米/秒，于是赶紧拿出纸笔：一年 365 天，一天 24 小时，一小时 60 分，一分 60 秒……$365 \times 24 \times 60 \times 60 = 31536000$（秒）。天啊，三千多万秒，这已经超出我的认知范围了。这学期刚学了大数的认识，但我从来没想到真有一天会用到这么大的数字。

　　时间×速度＝距离，再乘以 30 万千米/秒就可以算出一光年是多长了。946080000 万千米，看着这个结果，我瞪大眼睛数了数：九亿四千六百零八万万千米。这是什么概念？看着答案我反倒是迷糊了：这是多远啊？我又回到电脑前。"儒略年""秒差距"……把我带进了一个神奇的新的世界。我津津有味地查了半个小时，终于明白了。光年是很大的长度单位，常用在天文方面，客机

　　我和数学的那点趣事儿——教你写数学日记

时速大约是每小时 885 千米，这样飞 1 光年则需要 1220330 年。太阳到半人马座 α 星的距离为 4.545 光年，与最亮的恒星天狼星的距离为 8.6 光年。因为带有"年"字，它常常被误以为是时间单位，以致于有时会产生误用。

真没想到，听一首歌，居然听出这么多学问。

[作者姓名：谭紫依　指导老师：夏新建]

**[作品赏析]**

　　小作者能用数学的眼光观察生活，在一句短短的歌词中发现数学问题，并且有着执着的探索精神，刨根究底，探寻问题的答案，拓展应用，为自己开辟一片新的知识天地。一双发现的眼睛、一颗追根究底的心、一种不达目的不罢休的精神，这正是一个学生应当具备的优秀学习品质。

## 10

# 车轮一定是圆的吗？

（适合中、高年级阅读）

今天数学老师给我们上了一堂"圆的认识"，让我们了解了圆的一些知识。我知道了车轮为什么是圆形的，这是利用同一圆的半径都相等的性质，把车轴装在车轮的圆心上。当车轮在地面上滚动的时候，车轴离地面的距离总是等于车轮的半径，因此只要道路平坦，车子就会平稳地在地面上行驶。最后老师还给我们介绍了另一种车轮，这是什么车轮呢？

看到了吗，这个自行车的车轮是三角形的！我感到非常的奇怪，自行车的车轮不都是圆形的吗？这个自行车的车轮为什么是三角形呢？带着这个疑问，我回到家里飞速地打开电脑查了查这个自行车上三角形的车轮是怎么回事。

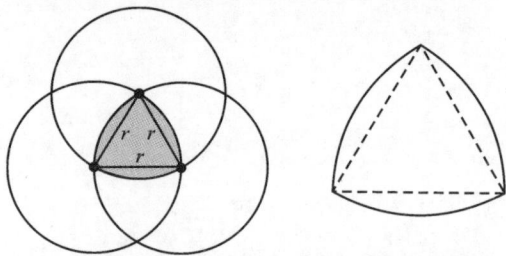

原来这个"不安分"的三角形叫做"莱洛三角形"，也叫作勒洛三角形或弧

三角形、圆弧三角形。是机械学家莱洛首先进行研究的。要想得到莱洛三角形，首先得画一个正三角形，然后分别以三个顶点为圆心，边长为半径画弧，就可以得到莱洛三角形。

莱洛三角形不是圆，可它在每个方向上的宽度都等于正三角形的边长，用它的形状做成滚轮，和圆形滚轮的效果是一样的。

怎么样，这回你相信有三角形的车轮了吧？

[作者姓名：汤其睿　指导老师：邱威]

### [作品赏析]

　　小作者在"圆的认识"这堂数学课上，被老师展示的一张"三角形的自行车车轮"的图片深深地吸引住了，世界上怎会有如此奇怪的车轮呢？它也能带着自行车走动吗？于是，在好奇心的驱使下，他回到家赶紧在互联网上搜索"三角形车轮"的资料，仔细地研究并理解其中的奥妙。哦，原来这个圆不像圆、三角形不似三角形的家伙叫"莱洛三角形"，它在滚动时拥有和圆一样的特点，所以也能做成车轮，带着自行车行驶。小作者用图片和文字相结合的方式，有理有据地解说了"莱洛三角形"车轮这一奇特现象，既满足了读者的好奇心，吸引了读者眼球，又拓展了数学视野。为他的探索精神点赞！

# 奇特的完美数

（适合高年级阅读）

今天，老师给我们布置了一个有趣的数学作业：什么是完美数？

课后，同学们纷纷议论。有的同学说："完美数应该是去自然数中找看上去比较美观的数字。"也有同学说："完美数应该是符合一定规律的一系列数字。"还有同学说："不对，找完美数得看他们因数之间的关系。"……

为了弄清楚这个问题，放学回家后我立刻找来爸爸咨询。爸爸告诉我，完美数又称完全数，当一个数的真因数之和恰好等于它本身时，这个数就叫完全数或者完美数。我又追问道："因数我知道，我们数学课上学过，但真因数又是什么呢？"爸爸细心地解释道："比如自然数 $a$ 和 $b$（$a$、$b$ 均不为 $0$），如果 $b$ 能够整除 $a$，就说明 $b$ 是 $a$ 的一个因数。显然任何非 $0$ 的自然数 $a$，总有因数 $1$ 和 $a$，所以我们把小于 $a$ 的因数叫做 $a$ 的真因数。例如：$6$ 的因数有：$1$、$2$、$3$、$6$，而真因数就只有：$1$、$2$、$3$。你明白了吗？"

"哦，原来是这样，我明白了！你看 $6$ 的真因数的和刚好等于 $6$，那 $6$ 就是完美数，爸爸，我学会了！"

第二天的数学课堂上，老师对这个问题进行了更具体的讲析，让原以为对完美数有了充分认识的我发现了自己的不足：原来除了完美数，像 $12$ 这样小于它的真因数之和的数叫做亏数或不足数；像 $14$ 这样大于它的真因数之和的数叫做盈数或过剩数。

古希腊人非常重视完美数。大约在公元 $100$ 年，尼哥马修斯写了一本专门研究数论的书——《算术入门》，其中写道："也许是这样，正如美的、卓绝的东西是罕有的，是容易计数的，而丑的、坏的东西却滋蔓难图；所以盈数和亏数非常之多，而且紊乱无章，它们的发现也是毫无系统。但是完全数则易于计数，而且又顺理成章……它们具有一致的特性，尾数都是 6 或 8，而且永远是偶数。"现在数学家已发现，完美数非常稀少，迄今为止，人们也只发现了几十个，而且它们都是偶数。前 5 个完美数分别是：6，28，496，8128，33550336。

完美数还有如下有趣的性质：

1. 它们都能写成连续自然数之和，例如：

$6 = 1 + 2 + 3$

$28 = 1 + 2 + 3 + 4 + 5 + 6 + 7$

$496 = 1 + 2 + 3 + 4 + \cdots + 31$

$8128 = 1 + 2 + 3 + 4 + \cdots + 127$

2. 它们全部的因数的倒数之和都是 2，比如：

$$\frac{1}{1} + \frac{1}{2} + \frac{1}{3} + \frac{1}{6} = 2$$

$$\frac{1}{1} + \frac{1}{2} + \frac{1}{4} + \frac{1}{7} + \frac{1}{14} + \frac{1}{28} = 2$$

$$\frac{1}{1} + \frac{1}{2} + \frac{1}{4} + \frac{1}{8} + \frac{1}{16} + \frac{1}{31} + \frac{1}{62} + \frac{1}{124} + \frac{1}{248} + \frac{1}{496} = 2$$

完美数看似简单，但它的趣味性还有待我们去深入挖掘与理解。从完美数的学习过程中，我真正体会到了老师经常对我们说的那句话——"学无止境"，只有怀着一颗好学、乐学的心，才能学到更多、收获更多。

[作者姓名：陶思思　指导老师：熊小兰]

[作品赏析]

这篇日记的小作者是个热爱学习、勤于思考、乐于探究的孩子。在爸爸的指导下，小作者对"完美数"有了初步了解，但次日课堂上听了老师的讲解后，意识到自己对"完美数"的理解还远远不够，从而引发了小作者更深层次的探寻。通过自主思考和老师的点拨，最终探究出亏数、盈数以及完美数一系列特性，与此同时，还了解到完美数的产生背景及其在数学史上的意义与作用，实现了从课堂知识到课外知识的拓展延伸。

文章最后，小作者有感而发，深刻体会到"学无止境"一词的含义，这不仅是对自己学习的感悟，更是对所有小伙伴的启示。整个钻研、提高的过程中，小作者敢想敢问、勇于探究的精神值得我们每个人学习。

# 12

# 年、月、日的秘密

（适合中、高年级阅读）

今年的假期真多呀！刚放完中秋，又迎来了国庆，连续的假期让我兴奋不已，可是有一个问题我怎么也想不明白，为什么中秋是阴历八月十五，可阳历却到了九月二十四日，相差足足有一个多月，难道年、月、日里还藏着我不知道的秘密？

带着疑问，我决定去找爷爷，他平时最喜欢翻看日历，问他准没错。果然爷爷正在房间翻看着日历。我连忙跑过去，一脸期待地问："爷爷，你知道阴历和阳历为什么会差那么远吗？"

爷爷告诉我说："其实我们说的阳历是公历，是根据地球绕太阳运动的规律制定的历法，以地球绕太阳运动一周为一年，一年的长度大概是 365 日多一点，平年 365 日，闰年 366 日。"

"这个我知道，阳历就是我学的大月 31 天，小月 30 天，特殊的二月要看是闰年还是平年，闰年二月 29 天，平年二月是 28 天。这样算出来平年就是 365 天，闰年是 366 天。"按捺不住内心的雀跃，我兴奋地说。

爷爷笑着摸了摸我的头，满怀欣慰地说："你说得很对，看来在学校知识学得真不错。"

"那是。"得到爷爷夸奖的我很是得意，接着问，"那阴历也是这样划分的吗？"

"阴历是根据月亮圆缺变化的周期制定的，一个月的长度大概是 29 天多一点，阴历大月 30 天，小月 29 天，这样一年 12 个月，一共约 354 天。"爷爷笑着说。

"阴历与阳历的天数相比，大约相差 11 天，所以日期才有差别，是这样吗?"我问道。

"是的,阳历过得快,阴历过得慢,为了使阴历年平均接近阳历年,古人还有十九年七闰的置闰规则,有闰月的那年闰月要过两次,那年会有 13 个月,而每过十九年,阳历阴历日期会重合或是相差一天。"爷爷不假思索地说道。

"原来年、月、日中还藏着这么多的秘密啊。"我不禁感叹道。这次年、月、日的寻秘之旅让我明白生活中还有很多的知识,只要多观察、多思考,就能发现数学里更多的秘密。

[作者姓名:杨乐玲　指导老师:李苗]

## [作品赏析]

　　小作者走出课堂关注生活,开篇以独特的视角——中秋放假这一生活事件发现并提出问题:为什么阴历、阳历日期会有差别?随后小作者围绕这个问题以对话形式展开,与爷爷进行交流探讨。爷爷提出两种不同历法的年、月、日的计算方式,作者再将新知识与所学知识进行联系,通过爷孙俩一问一答的方式将整个事件有条不紊地描述出来,过程详细、语言流畅,字里行间透露出小作者清晰的思路和良好的语言驾驭能力,使求知过程与知识内化过程跃然纸上。

# 13

# 探索不规则物体体积的乐趣

（适合高年级阅读）

　　数学世界是一个神秘而又巧妙的世界，在数学世界探索、遨游时，难免会遇到一些困难，而让我记忆最深刻的，还是计算不规则物体的体积。

　　一天，我在家里闲得无聊，看见妈妈买了一袋梨回来。我突发奇想：我们正好在学习计算物体体积的方法，那么，这个梨的体积会是多少呢？于是，我随手从那个袋子中拿了一个梨，将它放在桌子上，寻思怎么求这个梨的体积。梨并非我们学过的立体图形，那么，这个梨的体积会是多少呢？正当我一筹莫展之际，突然看见顽皮的妹妹将一个小玩具放进了水杯里，水面明显上升了一些。看见此场景，我想：求梨的体积能不能也用类似的方法呢？于是，我从仓库中找来了一个旧量杯。洗干净后，我拿它接了 250 毫升的水，然后把梨慢慢放进量杯，水面随之上升，最终落在 290 毫升的刻度线上。我赶紧在本子上记录下：290 - 250 = 40（毫升），再用单位转换将 40 毫升转换为 40 立方厘米，就这样，梨的体积被我求出来了，我高兴得直跳，一股浓浓的成就感在我心中荡漾。第二天，我将这个方法告诉了表哥，表哥向我投来了赞许的目光，并告诉我，在数学界，这种方法叫排水法。

　　掌握了排水法，我又找到了下一个计算目标，1 块超轻粘土。起先，我用之前的排水法把粘土放进了那个盛满水的量杯中，却发现粘土浮在了水面上，而量杯中的水的高度几乎没变。万般无奈的我不得不去想用另一种方法来计算这块粘土的体积。但是，我一直没有头绪，于是，心烦气躁地压了一下那块粘土，却突然发现它变形了。我灵光一闪，想到了计算这块粘土的办法：将这块粘土捏成一个正方体，再量出它的各边长度，这样一来，计算岂不是简单多了吗？于是经过一番操作和测量，我终于捏出了一个棱长为 3 厘米的正方体，并算出它的体积是 27 立方厘米。我又学会了把不规则物体转化成规则物体来计算体积的方法。

虽然经过了重重困难，但我终于学会了两种关于计算不规则物体体积的方式。数学世界有着许多的趣事和奥秘，只要你用心观察、反复思考，你就会收获到快乐。

[作者姓名：袁兆文　指导老师：赵畅]

## [作品赏析]

　　一个梨的体积有多大？一个旧量杯就可以转化测量；一块超轻粘土的体积有多大？捏一捏就知道。生活中的问题数不尽，但积极思考、大胆尝试就是解决问题的好钥匙。小作者从生活中发现问题，并去捕捉细微的灵感，努力把自己的设想通过实践进行检验，让自己在数学王国里自由驰骋，也让自己成了一个善于思考、勇于探究、有主见、热爱生活的好少年。

# 14

## 圆面积公式也可以这样推导

### （适合高年级阅读）

今天，数学老师拿了教具、学具，让我们推导圆的面积公式。我们在课堂上按照老师的指导把一个圆平均分成 16 等份，拼成后是一个近似长方形的图形。这个图形的长等于圆周长的一半，宽等于圆的半径 $r$，面积是圆的周长一半 $\frac{1}{2}C$ 与半径 $r$ 的乘积，即 $S = 2\pi r \times \frac{1}{2} \times r = \pi r^2$。圆的面积公式推导是通过将其转化为已学过的图形长方形来完成的。

圆是否还能转化为其他的图形呢？放学回家后，我找来纸板，先剪出一个圆形，平均分成 9 等份，并剪下来再拼。我东拼西拼，怎么也没有拼成功，我有点沮丧，很想放弃。但老师曾说过失败是成功之母，这话又激起了我的斗志，我打起精神又拼了起来。功夫不负有心人，我终于把这 9 块拼成了一个近似于三角形的图形，如下图：

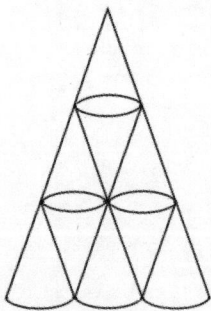

这个三角形的底是：$\frac{1}{9}C \times 3 = \frac{1}{3}C$，高大约是半径的三倍，即 $3r$，所以三角形的面积为：$S = \frac{1}{9}C \times 3 \times 3r \times \frac{1}{2} = Cr \times \frac{1}{2} = 2\pi r \times r \times \frac{1}{2} = \pi r^2$。原来，也可以

这样推导公式呀！看来，只要有清晰的思路，敢于提出问题、研究问题，并坚持不懈，就能有新的发现！

[作者姓名：汪以恒　指导老师：罗卫国]

## [作品赏析]

这是一篇数学公式推导类的日记，从文中可以看出，小作者不满足于教材呈现的圆的面积公式推导方法，而是敢于打破常规，不崇信权威，大胆运用自己的思路，并动手操作，用已学过的三角形的面积公式推导出了圆的面积公式。与众不同、敢于尝试、不怕失败、坚持不懈，小作者具备了这些学习数学需要的优秀品质。在这篇日记里，我们也看到了小作者严谨的推理过程，一名小学生能如此条理清晰、逻辑严密、图文并茂地进行推理认证，值得赞赏！

# 15

## 探究三角形的内角和

(适合中、高年级阅读)

今天天气突然变冷了。晚饭过后,我坐在烤火炉前准备写作业,刚打开文具盒,一个三角板从里面蹦了出来,掉在地上。妈妈瞧见了,随口问我:"元元,你知道三角形的内角和是多少度吗?""180°。"我脱口而出,"我都读六年级了,这个问题也太简单了吧!"妈妈又问我:"你是怎么知道的?""这不用问,数学书上有,我们杨老师上数学课也讲过好多次了。"我答道。妈妈再问:"那你有什么方法来证明三角形的内角和是 180°吗?"这一次,我被问得哑口无言了。这时,妈妈拿来纸和笔,微笑着对我说:"我有办法,你可得看清楚了。"

妈妈让我在纸上随手画了一个三角形,然后她用笔在三角形的三个顶点上分别写上 $A$、$B$、$C$。随后,她用尺子将 $BC$ 线段延长至点 $M$,再过 $C$ 点做 $AB$ 的平行线 $CN$,这时,产生了两个新的角,$\angle ACN$ 和 $\angle NCM$。接着,她让我用量角器分别量出了 $\angle B$ 和 $\angle NCM$ 的度数,结果它们的度数相等。我又量了 $\angle A$ 和 $\angle ACN$ 的度数,奇怪的是它们的度数也一样。

我正疑惑时,妈妈用两条定理解开了我心中的疑问:定理一:两条直线平行,内错角相等。定理二:两条直线平行,同位角相等。这时,我清楚地看到:$\angle ACB$、$\angle ACN$、$\angle NCM$ 刚好形成了一个

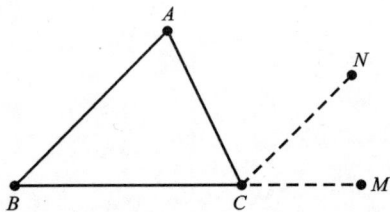

180°的平角。因为 $\angle NCM = \angle B$,$\angle ACN = \angle A$,所以 $\angle A + \angle B + \angle ACB = \angle ACN + \angle NCM + \angle ACB = 180°$,即三角形的内角和为 180°。我总结了一下探究过程,认为添加一条辅助线,把新知识转化为旧知识,即把三角形的三个内角之和转化成一个平角,是探究出三角形内角和的关键。我由衷地感叹:添加

辅助线的解题方法多么巧妙啊！它使我的思路豁然开朗！

这时，妈妈语重心长地对我说："数学是一门十分严谨的学科。学习时，我们不仅要知其然，更要知其所以然，不能浅尝辄止。只有怀着刨根问底的态度，才能真正学好数学。"

[作者姓名：叶元泽　指导老师：杨帆]

## [作品赏析]

妈妈瞧见一个三角板无意之中从文具盒里蹦了出来，顺势提出："你知道有什么方法来证明三角形的内角和是180°吗?"接着，在妈妈的引导下，小作者开启了三角形内角和的探索之旅。通过画、量、想、算等一系列的探究活动，小作者找到了与教材不同的方法，同样证明了三角形的内角和是180°。在整个探究过程中，妈妈引导有方，"引"发了小作者的思考，"导"出了他的成功之路。相信有了妈妈的言传身教，日后小作者面对数学问题时定能找到更多的视角，并乐于去探索数学奥秘。

## 16

# 角中探秘

（适合中、高年级阅读）

这段时间，我认识了角王国中的好多朋友。它们分别是：锐角、直角、钝角、平角、周角。我还给比平角大比周角小的角取了个名字叫"无名角"呢！老师说我将来肯定是个优秀的数学家。

上课的音乐又响起了，我最爱的数学老师早早就在黑板上给我们布置了一个任务：分别画出 15°和 165°的角。我心里想：这么简单，小菜一碟！于是拿出量角器、铅笔、三角尺就开始画了，然后得意洋洋地举起了小手。汤老师走过来，看了看我画的角轻轻地说："画得不错！你知道这两个角有什么特别的关系吗？能不能用量角器画出其中一个角，另一个角就不用借助量角器也能准确地画出来呢？"不用量角器也能画出 15°和 165°的角？太不可思议了吧！这两个角到底有什么关系呢？我绞尽脑汁，"哇，15°＋165°＝180°，那这两个角合起来不就是一个平角了吗？"发现了这个，我可有点小激动，那么我画出 15°角以后，把它的一条边反向延长不就得到了一个 165°的角？

"老师！老师！我知道了！"我兴奋地叫起来，老师示意我站起来，让我把我的发现分享给大家，并画图示意一遍。教室里顿时响起了"哗啦哗啦"的掌声，汤老师也给我竖起来一个大拇指。"汤老师，我还能在刘鸿画的图中不借助量角器再画一个 165°的角。"我们班的数学小天才张沐钒也开始发表意见了，"只要把 15°角的另外一条边反向延长那么就会出现一个 165°的角！""汤老师，我还发现了整个图形可以看作是由两条相交直线构成的四个角。"李羽晨也举起小手，"这四个角只要知道其中一个角的度数，其他三个角的度数不用量角器，我们也可以通过计算知道结果。"李羽晨的发言就像在平静的湖面扔下一颗大石头，教室里顿时热闹起来，"怎么可能？吹牛吧！""李羽晨说说，到底是怎么回事？"

这时老师摆摆手示意我们先安静下来：
"孩子们，别着急，我们一起来画两条相交直
线，然后在构成的四个角中分别标上序号∠1、
∠2、∠3、∠4。你们再认真观察思考，看李羽
晨说的有没有道理呢?"教室里安静下来了，大
家都迫不及待地按照老师说的开始画图。

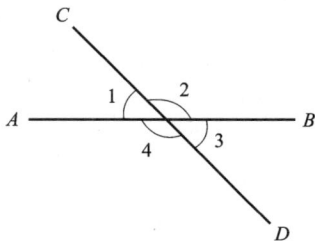

在老师的引导下，我们发现图中∠1 + ∠2 = 180°，∠2 + ∠3 = 180°，∠3 +
∠4 = 180°，∠4 + ∠1 = 180°。∠1 = ∠3，∠2 = ∠4。想想上一次家庭作业中也
出现过一个这样的图式，要量出四个角的度数，我还拿着量角器量得好辛苦
呢！下次我就知道怎么能事半功倍了！

通过这节课的学习，我发现原来小小的角中，也藏了一个这么大的秘密。
看来只要用心观察，认真思考，就会有意想不到的收获！

[作者姓名：刘鸿　指导老师：汤爱兰]

**[作品赏析]**

　　我们的小作者有一双善于发现的眼睛，在老师的引导下，开动脑筋，
从借助量角器画角到利用反向延长线画邻补角，丰富了这堂课的学习内
容。点燃思维的火花后，班上的同学们不断挖掘，进而发现对顶角相等、
邻补角相加等于180度的新知。小作者用流畅的语言记录下整堂课，思维
清晰、高潮迭出。同学们在课堂上用自己的眼睛去寻找，综合运用自己的
知识，大胆猜想、独立探究，感受到了数学思维的乐趣，增强了学数学、用
数学的意识，真不错！正如小作者所说："只要用心观察，认真思考，就会
有意想不到的收获！"是的，只要做数学学习的有心人，我们就能发现数学
的奥秘与神奇所在！

# 17

# 谁最大方

（适合中、高年级阅读）

"数字宝宝0～9中，哪个数字最大方？"

今天的数学课，钟老师一进教室就提了一个这样的问题，一开始我们都没说话，你看看我，我看看你，不知道老师葫芦里卖的什么药，今天会给我们讲什么样的数学知识……

过了一会儿，同学们有的说9，有的说1……教室里瞬间热闹起来了。

老师说："都大方，你看我们昨天学的借位减法中，个位不够减就都向十位借，不管十位是9还是1，都借了吧！例如"213 - 138 ="这道题中个位"3 - 8"不够减，向十位1借，而十位1借走了1个就变成了0，0 - 3又不够减再向百位借……"

咦，对呀！你看十位只有1都借给个位，自己都变成0了，这也真是大方。要是我只有一支笔，我才不会借给别人，呵呵！

"1"最大方，我心里给出了我的答案。

"'1'最大方。"有几个同学争着把我心里的答案喊出来了。

老师接着说："真是数字宝宝'1'最大方吗？别急！来看看我们今天学的知识是什么。"说着，老师在黑板上板书了这样一道题"304 - 67 ="，然后老师说道："个位4 - 7，不够减，向十位借，但十位是0，0可是什么也没有，咋办？"

"啊！是呀！0可表示什么都没有。这，这怎么借给别人？"我想。

教室里顿时议论声不断，我也没听出来哪个说的对。老师做了个手势让我们安静下来，点了班上公认的数学高手陈钰沛来说说，只听陈同学说道："老师，我认为十位还是得借给个位，十位自己也可以跟百位借呀……"哇，真棒！我打心里更佩服他了。只听老师说："不错，不错！还真是这样！0呀，可真不简单，它没有也愿意借，只是自己也先向百位3借1，这时被减数304中十位0和百位3都得打上借位点，还是借一当十，那再想想带借位点的0看作多少呢？"

教室顿时安静了，老师用鼓励的眼神注视着我们。我心想：十位0从百位借1就有10，但被个位借走了1个，那不就只剩9了吗？我举手说："老师，是9。""是吗？还有不同的意见吗？"大部分同学都附和说是9，我心里踏实了。老师说："对，带借位点的0·就看作9。那现在你们觉得数字宝宝中谁最大方呀？"

"是0。"我们齐答。

……

哦，我明白了，原来今天是学习被减数中间有0的退位减法，跟昨天学的退位减法是一样的算理，只不过当向前一位借遇到0时继续向高位借，借一当十再作计算。不过数字宝宝0也是真大方，啥都没有都答应借给别人，自己再想办法先借。唉，我们生活中要是人人都像0那么大方就好了，以后我也一定要多想想办法尽力帮助别人，做个大方懂事的孩子。

[作者姓名：田意玲　指导老师：钟迈]

[作品赏析]

　　小作者巧妙地运用了拟人的修辞手法，将本是单调简单的数字，变成了一个个充满人情味的童话精灵；将本是枯燥无味的退位减法的教学过程生动地记录了下来，使我们加深了对退位减法算理的理解。被减数中间有0的退位减法，个位的数字不够减，向十位借，又遇到十位是0，怎么处理？一般情况下，学生难以理解如何去借，借了之后借位点怎么标记，带借位点的0看作多少等。但小作者能将数学问题与生活实际联系起来，将老师的引导一步步融入自己的想法，使整个理解过程更加通俗易懂。"大方"一词让人印象深刻，孩子以后遇到这种情况再也不会犯难了，这种数学学习方法也就刻骨铭心了！同时，小作者把退位减法与借物紧密联系在一起，悟出了做人的道理，孩子的这种思想觉悟值得敬佩！

**图书在版编目（CIP）数据**

我和数学的那点趣事儿：教你写数学日记／易礼国，
周红主编. —长沙：中南大学出版社，2020.8（2020.10 重印）
　ISBN 978 - 7 - 5487 - 0145 - 3

Ⅰ.①我… Ⅱ.①易… ②周… Ⅲ.①数学课－中小学－
教学参考资料 Ⅳ.①G634.603

中国版本图书馆 CIP 数据核字（2020）第 085026 号

我和数学的那点趣事儿
——教你写数学日记
WO HE SHUXUE DE NADIANQUSHIER
——JIAONIXIE SHUXUE RIJI

主编　易礼国　周　红

□责任编辑　谢贵良　张　倩　梁　甜
□责任印制　易红卫
□出版发行　中南大学出版社
　　　　　　社址：长沙市麓山南路　　　　　邮编：410083
　　　　　　发行科电话：0731 - 88876770　　传真：0731 - 88710482
□印　　装　长沙市宏发印刷有限公司

□开　　本　710 mm×1000 mm 1/16　□印张 14.25　□字数 255 千字
□版　　次　2020 年 8 月第 1 版　□2020 年 10 月第 2 次印刷
□书　　号　ISBN 978 - 7 - 5487 - 0145 - 3
□定　　价　30.00 元